Taschenbücherei · Texte & Materialien

Herausgegeben von
Klaus-Ulrich Pech und Rainer Siegle

Lutz Hübner

Aussetzer

Ein Jugendtheaterstück

mit Materialien,
zusammengestellt von Henning Fangauf

Ernst Klett Verlag
Stuttgart · Leipzig

Im Internet unter **www.klett.de/extra** finden Sie zu dem Titel *Aussetzer* u. a. einen Lektürekommentar, der methodisch-didaktische Hilfen und Anregungen enthält: Stundenplanungen, Lernzielvorschläge, Projektanregungen.
Geben Sie dort in das Feld »**online-Link**« folgende Nummer ein: **262732-0000**

1. Auflage 1 5 4 3 2 1 | 2012 2011 2010 2009 2008

Alle Drucke dieser Auflage können im Unterricht nebeneinander benutzt werden, sie sind untereinander unverändert. Die letzte Zahl bezeichnet das Jahr dieses Druckes.

Lizenzausgabe mit freundlicher Genehmigung des © Hartmann & Stauffacher Verlags, Köln 2007.

Der Text wurde der reformierten Rechtschreibung angepasst.

Redaktion: Veronika Roller
Umschlaggestaltung und Layout: Sandra Schneider
Herstellung: Dea Hädicke
Satz: Köhler & Köhler, Taucha
Umschlagfoto: Karl-Bernd Karwasz, Berlin

Reproduktion: Meyle + Müller, Medien-Management, Pforzheim
Druck: Offizien Andersen Nexö GmbH Leipzig

Printed in Germany

ISBN 978-3-12-262732-4

9 783122 627324

»This is not a love song.«

Public Image Ltd.

Personen

Julika Stöhr (Juli), Anfang dreißig, seit kurzem Lehrerin an einer Hauptschule (wurde von ihrer alten Schule, einer Gesamtschule, abgeordnet). Im dritten Berufsjahr, alleinstehend.

Christopher Neumann (Chris), siebzehn Jahre alt, in der Abschlussklasse der Hauptschule, er hat bereits einmal eine Klasse wiederholt. Der Notendurchschnitt des Halbjahreszeugnisses würde für einen Hauptschulabschluss nicht genügen. Er muss in GSW, welches sein viertes Prüfungsfach ist, mindestens eine 3 haben, um den Hauptschulabschluss zu schaffen.

Raum

Die Monologe der Figuren sind an das Publikum adressiert, dazwischen ergeben sich Spielsituationen. Spielszenen (Cafe, Schulparkplatz etc.) müssen nicht näher definiert werden, leerer Raum, nur Tisch und Stühle, die von der Seite geholt werden, ein Requisitentisch, von dem die Arbeitsblätter, Briefe, iPod etc. kommen.

Julika Natürlich fühlt man sich mitschuldig. Warum hast du es so weit kommen lassen? Ich habe versagt, habe meinen Job nicht richtig gemacht und deshalb passiert so was. Ich war auf mich selbst mindestens genauso wütend wie auf ihn. So. Da hast du deine Quittung. Warum hast du nicht aufgepasst?

Nach jeder anderen Stunde wäre das nicht passiert. Aber es war einfach alles schiefgegangen. Ich hatte gedacht, mit dem Konzept kriege ich sie, dafür kann ich sie begeistern. Wenn nicht damit, womit dann?

Aber es war wie immer. Ein Lärm, dass man sofort Kopfschmerzen bekommt, ein Herumgerenne und Gegröhle … kein Widerstand, einfach nur Desinteresse, als ob ich gar nicht da wäre. Die Mädchen quatschen, kichern, schminken sich, und die Jungs haben die Wenigen geärgert, die mitmachen wollten. Ich habe stur meinen Plan durchgezogen, weil ich inzwischen weiß, dass es nichts, überhaupt nichts bringt, wenn ich laut werde. Das sorgt höchstens für Belustigung bei den Mackern, die machen sich dann einen Sport daraus, mich weiter hochzubringen.

»Fräulein Stöhr, Fräulein Stöhr, der fummelt an mir rum, ich kann gar nicht richtig aufpassen«, so mit Kleinkindgequäke, das finden die saukomisch, das können die nicht oft genug bringen. Wenn ich dann was sage, kommt ein Rülpsen, dass mir schlecht werden könnte. Auf dem Niveau bewegt sich das.

Chris im Hintergrund der Bühne.

Chris Ich hab gedacht, das ist scheißegal mit den zwei Fünfern, die sind im ersten Halbjahr und zählen nicht mit, ich hab nicht gewusst, dass die mitzählen. Woher soll ich das denn wissen? Klar, das wird knapp, aber das ist doch scheißegal, ich meine, der Schnitt ist doch scheißegal, brauche ich doch für nichts, ist doch nur Hauptschule, weiß man doch, und Hauptsache, der Scheiß ist rum und dann weiß ich eh nicht, also wohin dann, das muss man dann sehen, weiß ich doch jetzt noch nicht. Also Berufsschule, das geht gar nicht, also das ist dann ja wohl oberscheiße, das mach ich auch nicht, ist doch auch nicht meine

Schuld, also wenn die mich so verarschen und mir nicht sagen, dass ich mir keine Fünf mehr leisten kann wegen dem ersten Halbjahr.

Echt, voll verarscht, dass die einem das nicht sagen und dann kommt da der Brief an meine Alten, das ist doch voll die linke Tour.

Julika Über das »Fräulein« rege ich mich nicht mehr auf. Ich rege mich gar nicht mehr auf, auch nicht vor den Kollegen, die mir verwundert sagen, dass die Klasse doch eigentlich angenehm wäre, da gäbe es schlimmere. Sie hätten da kein Problem. Was im Klartext heißt, es liegt an mir.

»Das hier ist eine Hauptschule, darauf müssen Sie sich einstellen, das ist nicht mehr die Gesamtschule, hier ist der vorderste Schützengraben, und wenn Sie damit nicht klarkommen, gehen Sie das vielleicht falsch an, Frau Stöhr.«

Chris wirft im Hintergrund einen Stuhl an die Wand.

Chris *O-Ton Vater* »Grins nicht so frech! Natürlich grinst du. Bist wohl noch stolz darauf, dass du wieder hängen bleibst, was? Zu blöd, die Deppenschule zu schaffen, jeder Idiot schafft das, aber mein Sohn nicht, der ist zu faul dafür. Oder bist du zu blöd? Bist du zu blöd? Bist du das? So, Freundchen, eins sage ich dir: Wenn du den Abschluss nicht schaffst, kannst du dich auf was gefasst machen, dann geht's hier rund und es ist mir scheißegal, wie du das anstellst. Du wirst mir keiner von den arbeitslosen Drückebergern, ich füttere dich nicht durch, mach dir mal keine Hoffnungen. Haben wir uns da verstanden? Ich habe gefragt, ob wir uns da verstanden haben!«

Er tritt heftig gegen den Stuhl.

Ja!!!

Julika Vielleicht bin ich ja ein Wanderpokal. Man hat mich an diese Schule abgeordnet, weil man mich wunderlich fand und aus dem Kollegium haben wollte. Ein Wanderpokal, den man von Schule zu Schule weiterreicht.

Welche Chancen habe ich denn als Fachlehrer? Mit einer eigenen Klasse kommt man irgendwann klar, aber als Fachlehrer für Englisch und GSW hat man die Arschkarte. Das wissen die Schüler auch. Die haben eine feine Witterung, mit wem sie es machen können und mit wem nicht.

Ich mache diese autoritäre Tour nicht mit. Ich mach Angebote. Ich bombardiere die so lange mit interessantem Lernstoff, bis sie merken, dass es Spaß machen kann. Das ist naiv, aber daran halte ich mich fest. Ich kenne genug Kollegen, die aufgegeben haben. Die brüllen auf der Heimfahrt im Auto herum oder sind nur noch zynisch. Denen ist es scheißegal, was bei den Schülern ankommt, die ziehen das durch, Jahr für Jahr. Ich nicht. Und ich weiß, dass ich Recht habe.

Chris geht zu Julika, bleibt in einiger Entfernung von ihr stehen.

Chris Kann ich Sie mal sprechen?

Julika Du siehst doch, dass ich rede, oder? Nicht einfach reinquatschen.

Chris geht einige Schritte zurück.

Wo war ich? Ja, ich habe Recht. Schön. Hilft bloß nicht. Das hilft alles nichts, dachte ich die ganze Stunde. Du kannst dich hier auf den Kopf stellen und mit den Ohren wackeln, es wird nichts helfen. Versuch das irgendwie hinter dich zu bringen und fahr deine Ambitionen ab der nächsten Stunde runter. Schluss mit den ausgefeilten Konzepten, die nur funktionieren, wenn alle mitarbeiten. Man darf nicht zu viel wollen. Übersteh das und sei froh, dass nicht alle da sind, dass Chris nicht gekommen ist.

Chris ist der härteste Brocken von allen, wenigstens der bleibt dir heute erspart. Die anderen aus dieser Gruppe sind kindisch, können vor Testosteron kaum laufen, machen auf cool, Ochsenfrösche mit Basecap. Bei Chris hat das immer etwas Aggressives, der läuft extra, bei dem habe ich wirklich das Gefühl, der schiebt irgendeine Wut, trägt irgendwas mit sich rum. Aber er war nicht da. Nach gefühlten drei Stunden läutet es endlich und ich bin diesen Haufen los.

Julika nimmt ihre Tasche, dreht sich zu Chris.

Dass die Stunde schon vorbei ist, hast du mitgekriegt, oder?

Chris Kann ich Sie mal sprechen?

Julika Warum hast du die Tür zugemacht?

Chris Weil ich reden muss.

Stille

Julika Weil du mit mir reden musst.

Chris Ja.

Julika Sieh mal an. Also?

Chris Ich brauche eine Drei.

Julika Wie, du brauchst eine Drei?

Chris Im Zeugnis. Sie müssen mir eine Drei geben, Frau Stöhr.

Julika Ach, auf einmal bin ich Frau Stöhr.

Chris Also eine Drei.

Julika Ernsthaft?

Chris Ja.

Julika beginnt zu lachen.

Julika Ich glaub's ja wohl nicht. Ist das jetzt wieder ein neuer Witz von euch?

Chris Das ist wichtig.

Julika Und gleich kommen deine Kumpels, um auch ihre Noten anzusagen.

Chris Ich brauche die Drei wirklich. Sie müssen mir eine Drei geben. Wegen dem Abschluss. Ich mach dann auch keinen Stress mehr. Echt.

Julika Also das ist dein Angebot. Ich gebe dir eine Drei, damit du mich in Ruhe unterrichten lässt …

Chris Nein …

Julika Hast du einen Sonnenstich oder was? Geht's noch? Du störst systematisch meinen Unterricht, kommst und gehst, wann du willst, hast nicht eine einzige Arbeit abgeliefert, die ich bewerten kann, und stellst jetzt Forderungen. Das ist so was von unverschämt!

Chris Ich kann ja noch irgendwas machen für die Drei.

Julika Du kannst froh sein, wenn ich dir eine Fünf gebe!

Chris Fünf geht gar nicht.

Julika Was glaubst du denn, wie Noten zustande kommen?

Hast du das in deinen neun oder zehn Jahren Schule nicht kapiert?

Chris Mit einer Fünf schaffe ich den Abschluss nicht.

Julika Das hättest du dir mal vorher überlegen müssen.

Chris Das hat mir keiner gesagt.

Julika nimmt ihre Tasche.

Julika Das ist mir wirklich zu blöd.

Chris Ich brauche aber eine Drei!

Julika Dann ist das hier der ganz falsche Weg, Christopher!

Chris stellt sich ihr in den Weg.

Du lässt mich jetzt sofort gehen.

Chris Fünf geht nicht.

Julika Hörst du, was ich sage? Du lässt mich jetzt sofort gehen.

Chris Ich mach was dafür.

Julika Du lässt mich jetzt gehen.

Julika will wieder gehen, Chris stellt sich ihr in den Weg.

Julika Ich sage es nicht noch mal!

Chris Keine Fünf.

Sie stehen einen Moment voreinander, dann will Julika mit einer schnellen Bewegung an Chris vorbei. Er will sie an der Schulter festhalten, sie schlägt reflexartig seinen Arm weg. Er will wieder zugreifen, sie weicht aus, er erwischt sie im Gesicht, sie schreit, reißt den Arm hoch, er tritt mit einer schnellen Bewegung zu, sie geht zu Boden, er tritt einmal nach, sie krümmt sich, er rennt nach draußen. Musik. Julika richtet sich auf, holt ihr Handy heraus, wählt.

Julika Svenja? Hast du schon Feierabend? Ja? Kannst du mich von der Schule abholen? Sofort? Mir ist nicht gut. Ich kann nicht Auto fahren. Nein, bitte komm. Ich muss zum Arzt, glaube ich. Kommst du bitte? Das erkläre ich dir später. Kannst du bitte sofort kommen? Ich warte unten am Parkplatz. Irgendwo da. Bleib bitte noch dran.

Julika setzt sich auf einen Stuhl, nimmt ihre Tasche auf den Schoß.

Ich glaube, ja. Ich kann laufen. Bleibst du noch dran? Ich gehe jetzt los. Kannst du dranbleiben? Ja? Wann bist du da? Zehn Minuten? Hup am besten, wenn du da bist. Ich weiß noch nicht, wo ich warte. Ich gehe jetzt los.

Julika steht auf und geht nach hinten. Chris hat inzwischen begonnen, Thaikicks zu üben, immer wilder, immer wütender. Dann kommt er nach vorne, er ist außer Atem.

Chris Erst an die Geräte, dann das volle Programm. Ich bin gegen jeden angetreten, der da war, bis keiner mehr Bock hatte. Ich hab mich voll reingeschmissen, hab geölt wie ein Schwein.
Erst nach Hause, wenn ich gar nicht mehr kann. War doch klar, was da kommt. Anruf von der Schule. Anzeige. Rausschmiss, und dann der Alte, wenn er voll ausrastet. Der wartet da schon seit Stunden, der ist richtig übel drauf. Der macht mich rund.
Wenn ich dann schon müde bin, tut es nicht mehr weh. Und wenn ich im Training schon genug kassiert habe. Da kommt's nicht mehr drauf an. Dann kann er draufhauen. Merke ich gar nicht mehr. Der Rest?
Muss man sehen. Wenigstens das mit dem Abschluss ist dann klar. Da brauche ich mir keinen Stress mehr zu machen. Alles gelaufen.
Was zickt die auch so rum? Ich war voll höflich. Ich hab ja versucht, cool zu bleiben. Aber die immer wieder, immer wieder drauf und der Rest war dann Reflexe.
Also dass ich sie da … das läuft über Reflexe, das war ja nicht geplant. Ich bin doch nicht bescheuert. Also nicht auf die Tour bescheuert, dass ich da hingehe und das will, bringt mir doch nichts. Also gemacht habe ich das eigentlich nicht, da hätte ich nie dran gedacht. Ausgerechnet Fräulein Stöhr, die ist doch kein Gegner. Ich war das nicht.
Das war nur Reflex. Weil die so gefuchtelt hat. Wenn die nicht so gefuchtelt hätte, wäre der Reflex auch nicht … also dann hätte ich den Aussetzer nicht gehabt.

Julika Blaue Flecken, eine geplatzte Lippe. Nichts Schlimmes, eine Krankschreibung für eine Woche, die ich dann nicht abgegeben habe.
Der Arzt hat gefragt, wie es passiert ist, ich konnte nichts sagen, ich habe es nicht rausgekriegt. Der Arzt fragte noch, ob ich häusliche Probleme habe, hat mir Hilfe angeboten, ich wollte

das alles nicht hören, bin dann raus. Svenja hat noch mit ihm gesprochen, ich wollte nur noch weg und für mich sein. Ich konnte auch mit Svenja nicht darüber sprechen, erst später, als ich in der Badewanne saß, ich saß praktisch den ganzen Abend in der Badewanne, wollte da gar nicht mehr raus.

Schaumbad, Kerze an, wir haben zusammen eine Flasche Sekt getrunken und ich hab nur geheult, eigentlich den ganzen Abend. Irgendwann habe ich Svenja die Sache erzählt, aber ich habe das alles gar nicht richtig zusammengekriegt, ich war völlig wirr. Dabei ist das doch eigentlich eine einfache Sache, und es ist scheißegal, ob die Stunde danebengegangen ist, ob diese ganze Schule nichts taugt, weil keiner mit keinem redet, und dass es scheißegal ist, ob ich den Arm hochgerissen habe und er sich angegriffen fühlte.

Ich habe erzählt, als ob ich etwas verbockt habe, und Svenja hat mich irgendwann richtig angeschrien, dass ich mal aufhören muss, nach Erklärungen zu suchen und die Sache so sehen soll, wie sie ist.

Ich bin von einem Schüler niedergeschlagen worden und alles andere spielt erstmal keine Rolle und hat nichts mit meinen pädagogischen Qualitäten zu tun, nichts mit meiner Person und den Fächern, die ich unterrichte, den ganzen Mist, den ich mir da in diesem inzwischen lauwarmen Entspannungsbad mit einer Flasche Sekt zusammengerührt habe. Nichts. Einfach nur: Ich bin ein Opfer von Gewalt. Ich bin geschlagen worden und ich kann froh sein, dass nicht noch mehr passiert ist.

Und dass dieser Typ die Konsequenzen zu tragen hat. Da hat sie Recht.

Das ist eine einfache Sache. Da muss man nicht lange überlegen.

Chris Mein Bike habe ich woanders abgestellt. Einmal, als der Alte ausgerastet ist, hat er es mir zusammengetreten, so ist der durchgedreht. Das Bike wollte ich noch haben, egal, was passiert. Ist natürlich völlig bescheuert. Aber ich dachte, wenn ich das Bike hab, komme ich am Abend wenigstens noch in die

Stadt rein. Kann irgendwohin. Zu einem Kumpel. Oder einfach losfahren. Meine Kohle hab ich in den Lenker gestopft. Da pack ich das hin, falls was ist, falls einen welche abziehen wollen. Zehn Euro. Auch Blödsinn. Hat aber geholfen.
Ich hab das Bike und zehn Euro. Egal, was passiert. Das hab ich, wenn ich da rauskomme. Ich mach das nicht gern. Bei uns kannst du abends eigentlich kein gutes Bike stehen lassen. Da laufen genug Arschlöcher rum. Auch genug, die wissen, dass das meins ist.
So einen Scheiß hab ich gedacht, bevor ich hochgegangen bin. Dass ich da vielleicht gar nicht reinmuss, habe ich erst kurz vor der Tür gedacht. Ich geh rein, um so richtig Scheiße zu fressen.
Aber wenn ich das nicht gemacht hätte. Wenn ich nicht wiedergekommen wäre. Das kann ich Mama nicht antun. Die dreht durch vor Sorgen, die ist sowieso ständig am Limit, wegen mir, wegen Papa, weil er durchschuftet und ständig mit den Nerven runter ist …
Ich bin nicht feige. Ich pack diese Schule nicht. Aber feige bin ich nicht, ich bin da weggerannt, aber das war nicht feige, das war ein Aussetzer. Und da kann man genauso wenig machen wie bei Reflexen. Das ist man ja nicht selber. Dann bin ich rein. Der Kasten lief und meine Mutter hat gerufen, dass in der Küche noch was zu essen steht. Die saßen vor der Glotze und haben ein Quiz geguckt. Der Alte hat nicht gegrüßt, der spricht kaum noch mit mir seit diesem Schulscheiß, und nichts war. Nichts. Kein Anruf, kein Stress, nichts.
Ich stand in der Tür und hab nur geglotzt. Meine Mutter hat gesagt, dass ich duschen soll, weil ich so nach Schweiß stinke. Ich hab trainiert, hab ich gesagt. Der Alte nur, dass das auch vorbei ist, wenn ich das mit der Schule nicht geregelt kriege. Jaja. Und ich war irgendwie enttäuscht. Oder ratlos.
Dann hab ich gesagt, dass ich mein Bike noch einschließen muss. Das hätte ich doch gleich machen können. Das war teuer genug und so. Jaja. Ich also noch mal runter, das Bike in

den Keller und da hab ich Panik gekriegt. Wenn ich was abgefasst hätte, wäre die Sache klar gewesen. Aber nichts war klar. Nichts.

Ich wieder hoch, geduscht, und ich hab so gezittert. Weil ich nicht wusste, was kommt und wie das geht. Mir ging es richtig übel. Mama fragte, was mit mir ist, und ich hab gesagt, ich bin krank, wegen dem Zittern und dem Schwitzen und so und ich geh gleich ins Bett. Kotzübel. Dann bin ich in mein Zimmer. Hab mich hingelegt und die ganze Nacht nicht geschlafen. Weil ich das alles nicht kapiert habe. Was jetzt kommt und was ich machen soll.

Julika Jetzt geht das los. Zu Direktor Renkhardt gehen und das melden. Genauer Bericht. Anzeige erstatten. Konferenz. Soll man die Polizei einschalten? Will ich das? Das Ergebnis ist klar. Rausschmiss, sofort. Dann werden die Kollegen angewiesen, das in ihren Vertrauensstunden zu besprechen. Rumsprechen wird sich das auf jeden Fall. Die ganze Lawine, die dann losgeht. Ich gebe die Krankmeldung ab, und wenn ich wiederkomme, muss ich die Klasse aushalten. Kann in ihren Gesichtern lesen, was sie über die Sache denken.

Wegen mir ist Chris geflogen. Nur das bleibt hängen.

Oder anders. Renkhardt will es klein halten, runterspielen. Gesprächstermin. Verwarnung. Nicht mit irgendjemandem darüber sprechen. Der Ruf der Schule könnte leiden. Wir sind ja nicht die Rütli-Schule. Wir sind darauf angewiesen, dass auch gute Schüler kommen, und da ist so ein Vorfall kontraproduktiv. Ich bekomme eine andere Klasse, die natürlich auch schon Bescheid weiß, und wenn das nächste Mal ein Lehrer in eine andere Schule abgeordnet wird, bin ich das. Das läuft nicht anders als bei den Schülern.

Die Opfer wechseln die Schule, nicht die Täter.

Was ist mit Chris, der ohne Abschluss von der Schule fliegt? Kann ich abends überhaupt noch raus, wenn ich weiß, dass da ein Kerl unterwegs ist, der nichts mehr zu verlieren hat? Ich zahle die Zeche, so oder so.

Svenja sieht das anders. Das Schlimmste, womit sie an ihrem Gymnasium zu tun hat, ist soziale Verwahrlosung, gestörte rich kids, arrogante Eltern, ein Förderverein, der ihr im Nacken sitzt und alle Lehrer für Leibeigene hält, denen man jederzeit in die Suppe spucken darf. Die Probleme möchte ich mal haben, echt.
Lohnt sich nicht, ich war nur noch müde, unendlich müde, ich hab mich gefragt, was ich in diesem Beruf eigentlich mache. Was ich mit meinem Leben mache. Wer mich da hingestellt hat und was für Erwartungen ich habe.
Wenn man die Schüler manchmal in der Neunten fragt, was sie ab Sommer machen wollen, sehen die einen nur groß an. Da fällt die Flappe, da ist nichts, nicht die geringste Idee, wie das weitergehen soll. Oder als ob sie nicht kapiert hätten, dass die Schule irgendwann mal vorbei ist und sie eine Idee entwickeln müssen, wie es weitergeht. Da kommt nichts, nur eine große, unendliche Überforderung, eine Lähmung, als verstünden sie nicht mal meine Frage. Ich dachte immer, das ist Denkfaulheit.
Aber jetzt verstehe ich ein bisschen, wie sich das anfühlt.
Ich will den Rest meines Lebens in dieser Wanne liegen, nichts mehr tun müssen, nur ab und zu ein bisschen warmes Wasser nachlaufen lassen. Alles auf Null runterfahren. Nichts mehr hören. Nicht mehr angesprochen werden. Ich will keine Entscheidungen fällen. Ich habe keine Ahnung.

Chris Meine Mutter klopft am nächsten Morgen an die Tür, ich stehe auf und weiß nicht, ob das gestern wirklich passiert ist. In die Schule kann ich nicht, ich fahr runter zum Fluss und warte bis Mittag. Ich kann da nie mehr hin.
Ich stell mir einfach vor, dass ich blaumache. Der Morgen ist so verdammt lang und ich frage mich, was ich machen soll, wenn ich jetzt rausfliege.
Dann ist das immer so, ich stehe auf und sitze irgendwo rum, bis der Tag vorbei ist.
Eine halbe Stunde vor Schluss fahre ich hin und warte auf die an-

deren. Dann passe ich Marco ab. Was geht ab? Keine Lust gehabt. Was geht ab? Die Stöhr ist krank, ist wohl gestern vom Fahrrad gefallen, sogar dafür ist die Schlampe zu blöd. Mitlachen. Die anderen kommen angelatscht. Wie lange ist sie denn krank? Keine Ahnung. Ist doch scheißegal, oder? Klar, scheißegal.

Nichts ist passiert, und ich werde langsam sauer. Das kann die nicht bringen, das macht mich krank. Ich seile mich ab, hab noch was zu tun.

Warum macht die nichts? Vielleicht ist gar nichts passiert und ich hab mir das nur eingebildet? Das ist Quatsch, das weiß ich. Ich kann nur warten. Warten, bis die irgendwas macht.

Am nächsten Tag wieder nichts. Ich frag schon niemanden mehr, ich geh nur hin und sehe nach, ob ihr rotzgrüner Lupo auf dem Lehrerparkplatz steht.

Am dritten Tag ist er da, und ich bin fast froh. Ich warte den ganzen Scheißmorgen auf dem Parkplatz.

Ich will verdammt noch mal wissen, wie mein Leben weitergeht.

Julika Ich gehe zum Parkplatz und sehe ihn sofort. Ich wusste, dass er irgendwann ankommt. Er steht hinter den Müllcontainern und beobachtet mich.

Mein erster Impuls ist, abzuhauen. Aber dann verhalte ich mich wie ein Opfer. Wenn er dann hinterherkommt und sich ins Auto drängt.

Ich gehe weiter. Was soll das? Sich wie ein Opfer verhalten.

Das ist ein Schüler. Kein Kampfhund.

Ich denke über meine Schüler, als ob sie irgendwelche aggressiven Tiere wären. So weit bin ich also schon. Ich gehe weiter.

Greife trotzdem in der Tasche nach dem Tränengas.

Er kommt auf mich zu. Also.

Julika geht ein paar Schritte, von hinten kommt Chris. Sie bleibt stehen, eine Hand in ihrer Tasche. Sie sehen sich an. Chris sieht weg, tritt von einem Bein aufs andere.

Julika Hast du mir irgendwas zu sagen?

Chris Ich wollte das nicht. Das war voll Scheiße. Weiß ich.

Stille

Das tut mir leid. Echt.

Stille

Also. Wenn Sie das meinen mit ›was zu sagen haben‹.

Julika Sagst du das jetzt, weil du denkst, dass ich das hören will, oder tut es dir wirklich leid?

Chris Nein, klar tut mir das leid. Entschuldigung. Das müssen Sie mir glauben.

Stille

Julika Hast du deswegen auf mich gewartet? Um mir das zu sagen? Bist du deshalb die letzten Tage nicht gekommen? Weil dir das irgendwie schwerfällt?

Chris Sie waren ja auch nicht da.

Julika Warum wohl nicht?

Chris Weil ich Sie …

Julika Ja. Weil du mich. Da sind wir also. Und was kommt jetzt?

Chris Ist schon klar.

Julika Was? Was kommt jetzt? Was glaubst du denn, was jetzt kommt?

Chris Ist schon klar.

Julika Willst du nicht erst mal wissen, wie es mir geht? Wie es einem geht, wenn man geschlagen und getreten wird?

Chris Ich weiß, wie es einem da geht. Weiß ich echt.

Julika Nicht gut.

Chris Also wenn man das nicht kennt … also wenn man wie Sie … also. Nicht gut, bestimmt nicht. Und deshalb fliege ich jetzt auch. Das ist schon klar. Weiß ich.

Chris beginnt zu zittern, er wirkt, als ob ihm schwindlig ist.

Ich hab schlecht geschlafen.

Julika Ich auch.

Julika sieht ihn an.

Chris Kann's jetzt mal losgehen? Damit ich weiß, was Sache ist. Also mir ist das schon klar. Wenn da jetzt eine Anzeige kommt.

Julika Wem hast du davon erzählt?

Chris Was?

Julika Wem hast du davon erzählt? Hast du vor irgendjemanden damit angegeben.

Chris Mit so was kann man doch nicht angeben.

Julika Schleim nicht rum.

Chris Ich hab es niemandem erzählt.

Julika Also wissen nur du und ich das.

Chris Wie?

Julika Was passiert denn, wenn es jemand weiß?

Chris Ich verstehe gerade echt nicht.

Julika Wenn ich das melde, bist du hier weg. Ohne Abschluss. Glaubst du, dass ich das will?

Chris Ich weiß nicht.

Julika Ich hätte jeden Grund.

Chris Ist schon klar.

Julika Gar nichts ist klar.

Chris Stimmt.

Julika Was hab ich davon, wenn du fliegst? Du willst deinen Abschluss, und dafür brauchst du eine Drei bei mir. Richtig? Du hast das ganze Jahr nur Scheiße gebaut und stehst auf einer glatten Sechs. Aber du willst eine Drei.

Chris Ja.

Julika Dann tu was dafür.

Stille

Julika Das ist doch jetzt klar, oder?

Chris Nicht richtig.

Julika In zwei Monaten ist Prüfung. Bis dahin klotzt du rein. Wenn du das nicht machst, hast du die Note, die du verdienst. Wenn du Scheiße baust und mich irgendwie linken willst, ist etwas passiert, was bisher nur du und ich wissen.

Chris Was heißt das denn jetzt?

Julika Das heißt, dass ich dir noch eine Chance gebe! Ist das denn so schwer zu kapieren? So. Und jetzt muss ich los. Sagst du vielleicht mal Danke?
Kennst du das Wort?

Stille

Ist noch was?

Chris Wie soll das denn gehen? Wie soll ich mir das denn draufdrücken? Das haut nie hin!

Julika Was willst du? Gerade dachtest du noch, du fliegst, und jetzt motzt du rum? Es ist nicht selbstverständlich, dass ich das sage!

Chris Danke.

Julika geht einen Schritt, bleibt stehen, sieht Chris an, der völlig ratlos dasteht.

Chris Okay, okay, ich versuche das.

Julika zögert.

Julika Hast du irgendwas aufgeschrieben? Hast du irgendeine Ahnung, was wir die letzten Monate getrieben haben?

Chris schüttelt den Kopf.

Ich helfe dir. Wir treffen uns und du lernt das alles nach.

Chris Sie wollen mit mir …

Julika Ja. Aber nur, wenn ich sehe, dass du arbeitest. Das ist ein Angebot. Kapiert?

Chris Ja.

Julika Gib mir deine Handynummer. Du sollst mir deine Handynummer geben.

Julika holt ihr Handy aus der Tasche.

Chris 0163 245 68 22

Julika tippt die Nummer ein.

Julika Und das erfährt genauso wenig jemand wie das, was da vor drei Tagen passiert ist. Und das meine ich verdammt ernst. Ist das klar?

Chris Klar.

Julika Ich rufe dich an.

Chris Danke.

Julika Dir ist klar, dass du verdammtes Glück hast, oder?

Chris geht nach hinten. Musik.

Julika Ich habe es Svenja nicht gesagt. Weil ich weiß, was dann gekommen wäre. Du lieferst dich aus. Jetzt hat er dich in der Hand.

Alles richtig. Aber darum geht es nicht. Es geht um dieses Gefühl der Erleichterung, das ich hatte, als ich nach Hause gefahren bin.

Ich war nicht so blöd, zu denken, dass das jetzt alles in geordneten Bahnen läuft. Aber ich dachte, irgendwas ist geregelt. Was auch immer jetzt kommt, ist etwas, wo ich mitentscheide, wo ich handeln kann.

Geplant hatte ich das nicht. Das Angebot ist mir einfach so rausgerutscht.

Und wahrscheinlich ist es gefährlich, sich davon beeinflussen zu lassen, dass ein Typ, der sonst immer arrogant und contra ist, vor einem zittert wie Espenlaub. Das war ein Triumph, das muss ich zugeben. Auch wenn er mich jetzt fertigmacht, einmal habe ich ihn so gesehen. Das habe ich gebraucht. Aber das war es nicht allein.

Wenn ich mit dem nicht fertig werde, werde ich mit meinem Beruf nicht fertig, und das bedeutet, dass alles, was ich mir für mein Leben vorgenommen habe, ein Irrtum ist.

Ich will nicht, dass Kollegen, Sozialarbeiter oder Direktoren entscheiden, was ich mit meinem Leben und allem, was mir zustößt, mache. Sondern ich allein.

Er oder ich, und ich habe die besseren Ausgangsbedingungen.

Natürlich wird er nicht lammfromm zu den Treffen kommen. Aber ich habe ihn überrascht. Und mich. Das muss ich weiter tun. Mich selbst überraschen.

So wie ich auf die Idee gekommen bin, ihm Nachhilfe zu geben. Das erschien mir plötzlich selbstverständlich.

Er kriegt das alleine nicht drauf, also helfe ich ihm. Wie das gehen soll, weiß ich noch nicht. Ich weiß nicht, wie er tickt. Weiß ich das überhaupt von irgendeinem meiner Schüler? Das bringt einem keiner bei. Vielleicht kann man das auch gar nicht lernen. Das muss ich rauskriegen. Meine eigene Schulzeit hilft mir da nicht, meine Ausbildung, in der Schüler als lebendige Wesen mit einem eigenen Kopf überhaupt nicht vorkamen.

Ich werfe nicht mehr nur die Bananen durchs Gitter. Ich gehe in den Käfig und ich werde sehen, ob ich mich da behaupten kann.

Chris Die ist krank, voll krank. Die hat einen Vollschaden. Ich musste erst mal laut rauslachen. Sie ist losgefahren, und ich hab mich gebogen vor Lachen, voll hysterisch. Dann hatte ich irgendwie Schiss.

Vielleicht fährt sie ja eine Tour, die ich nicht checke, lässt mich ins Messer laufen. Aber das ist nicht ihr Ding. Ich kenne sie ja. Wie sie immer ankommt mit ihren kopierten Blättern, mit Musik, der ganze Zirkus, den sie veranstaltet, weil sie einfach nicht kapieren will, dass ihr Fach scheißegal ist und dass das alles keiner wissen will.

Wir haben es ihr ja gesagt. Im Guten. Machen Sie sich keinen Stress und uns auch nicht. ›Bringt euch mal ein‹. Keiner will sich in der Schule ›einbringen‹. Nicht mal auskotzen.

Das ist nicht der Ort dafür. Nicht die Zeit. Nerv nicht rum.

So eine macht nicht plötzlich die harte Tour. Nicht mal jetzt.

Dann kann es nur eins sein. Sie ist total untervögelt. Wahrscheinlich bin ich der erste Kerl seit der Steinzeit, der sie angefasst hat. Die fand das geil. Warum macht die das sonst? Die will was. Ich meine, es laufen genug Perverse rum. Manche zahlen für so was einen Haufen Geld. Die denkt, sie hat mich bei den Eiern, in jeder Hinsicht. Kommt alles vor.

Wenn ich mich drauf einlasse? Okay, sie ist locker über dreißig. Aber auf alten Schiffen lernt man segeln.

Tu was für deine Note. Was hat sie denn davon, wenn ich meinen Abschluss mache? Irgendeinen Grund muss sie doch haben. An mir kann es nicht liegen. Ich hab sie immer scheiße behandelt, die kann mich genauso wenig ausstehen wie alle anderen Lehrer. Kann ich mit leben. Also geht es darum.

Und wenn das rauskommt? Kann sie einpacken. Ich nicht. Oder doch. Das kann man nicht überblicken. Das wird völlig unklar. Das ist ein Scheiß Risiko. Wenn ich mich mit der treffe, und es läuft nicht, wie sie will. Die hat doch bestimmt einen

Wisch vom Arzt, und wenn die den auf den Tisch knallt, bin ich dran. Wer glaubt mir denn? Ich muss auch was in die Hand kriegen.

Chris' Handy klingelt.

Donnerstag im Balzac. Wo ist denn das? Alter Markt. Klar. Das finde ich schon, um fünf. Nochmals danke, ja? Also dass Sie mir eine Chance geben.

Chris legt auf, betrachtet sein Handy.

Ein Foto, nebeneinander, Arm um sie. Irgend so was, wo man sieht, das ist nicht Schule, das ist irgendwo privat. Dann kann sie sich überlegen, ob sie das im Netz, auf dem Schulhof oder als Ausdruck auf der Tür vom Lehrerzimmer sehen möchte. Dann bin ich fein raus.

Wahrscheinlich ist das nur eine arme Sau. Ein Opfer.

Chris beginnt sich zu kämmen, macht sich schön.

Hauptsache, es ist klar, wer die Ansagen macht.

Chris zieht eine andere Jacke an, Julika kommt nach vorne, setzt sich an einen Tisch, stellt eine Tasche neben sich. Chris kommt dazu.

Chris Ich hab's nicht gleich gefunden.

Julika Dann geh nächstes Mal früher los, klar?

Chris Ja, schon klar.

Julika Also, dann legen wir mal los.

Chris Sollen wir nicht erst mal bestellen?

Julika Wir haben zu arbeiten.

Chris holt einen Zehneuroschein aus der Hosentasche.

Chris Ich lade Sie ein. Weil Sie mir helfen.

Julika Komm, spar dein Geld.

Chris Ich will aber.

Julika Also gut, ich nehme eine Latte.

Chris sieht sie einen Moment verständnislos an, lacht.

Julika Latte Macchiato, Milchkaffee, hol mir einfach einen Milchkaffee, okay?

Chris geht ab, Julika packt einen Stapel Fotokopien aus ihrer Tasche. Chris kommt mit einem Milchkaffee und einer Cola zurück. Er setzt sich neben Julika und legt sein Handy auf den Tisch.

Julika Was gibt das denn?

Chris Was?

Julika Wir können doch hier nicht wie die Hühner auf der Stange nebeneinandersitzen. Setz dich mal gegenüber hin.

Chris Aber so kann ich besser reingucken, wenn Sie mir was zeigen.

Julika Das kriegen wir schon hin.

Chris steht auf und setzt sich auf den Stuhl gegenüber.

Julika Ja und? Packst du mal dein Arbeitsmaterial aus?

Chris Was jetzt?

Julika Heft? Buch? Irgendwas? Hast du wenigstens einen Kuli dabei?

Chris Nee, ich dachte, wir planen heute, reden und gucken mal so.

Julika Christopher, ich will, dass du das hier ernst nimmst. Wir treffen uns zum Arbeiten, und der Plan ist ja wohl klar, oder? Nämlich alles, was in den letzten Monaten während deiner Fehlstunden durchgenommen wurde, alles, was völlig unverstanden an dir vorbeigerauscht ist, alles, was auf den Arbeitsblättern stand, die als Flieger und Wurfgeschosse während der Stunde wieder bei mir angekommen sind.

Chris Ist schon klar.

Julika holt einen Kuli aus der Tasche, nimmt einen Stapel Arbeitsblätter und gibt sie Chris.

Chris Das ist ganz schön viel.

Julika Was hast du denn gedacht?

Stille

Julika Wir können es so machen. Ich sage dir mal den Stoff und die Aufgaben, die du auf jeden Fall draufhaben musst, damit du überhaupt die Chance hast zu kapieren, was wir den Rest des Halbjahrs und in den Prüfungen machen.

Chris steht auf.

Chris Ich setze mich doch besser neben Sie, dann können Sie mir immer zeigen, was ich ankreuzen soll.

Chris setzt sich neben sie und schiebt sein Handy heran.

Julika Und schalte dein Handy aus, wir müssen arbeiten.

Chris Ich lasse es besser an, ich erwarte noch einen wichtigen Anruf wegen heute Abend.

Julika Das wird wohl warten müssen.

Chris Ist stumm geschaltet. Das ist sowieso nur … also ich habe den ganzen Abend Zeit. Ich lass das Teil mal hier liegen, okay?

Stille, Julika unterdrückt ein Lachen.

Julika Setz dich mal wieder rüber. Ich kriege ja keine Luft mehr. Sag mal, hast du in Parfüm gebadet? Du riechst wie … du hast ein bisschen viel genommen.

Chris steht auf.

Scheint ja ein wichtiges Date zu sein.

Chris Wieso?

Julika sieht an ihm herunter.

Julika So wie du dich aufgebrezelt hast.

Chris Ich lauf immer so rum.

Julika Geht mich ja nichts an.

Chris Versteh ich jetzt echt nicht.

Chris setzt sich und schmollt.

Julika Jetzt krieg' dich wieder ein.

Chris Also wenn Sie mich nur verarschen wollen …

Julika Ich sitze hier, um dir zu helfen. Das ist ja wohl angekommen. Ich habe jetzt normalerweise frei, und du hättest eigentlich noch ganz andere Probleme, wenn ich nicht beschlossen hätte, dir zu helfen. Okay? Der Rest interessiert mich nicht. Und sei nicht so empfindlich. Wenn ich empfindlich wäre, was deine Witze betrifft, hätte der Unterricht noch ganz anders ausgesehen.

Also, können wir jetzt?

Chris Es kann Ihnen doch scheißegal sein, ob ich den Abschluss schaffe oder nicht.

Julika Was glaubst du denn, warum ich Lehrerin bin?

Chris Weil das ein Job ist, weil man das gut findet, dass man die Ansagen machen kann. Was weiß ich, warum man das macht. Weil man das machen kann und seine Kohle verdient. Woher

soll ich das wissen? Also ich würde das nicht machen, aber das ist ja egal. Darum geht es jetzt ja nicht.
Also, Sie machen das hier, weil … ich finde das ja total in Ordnung. Wahrscheinlich ist Ihnen das wichtig, dass ich solche Sachen weiß, das ist ja der Job, so was hier, dass ich das in die Birne kriege, das ganze Zeug hier. Ihr Job ist, dass ich das in die Birne kriege und ich versuch das, damit ich eine Drei kriege, dass ich das mal hinter mich bringe, dass ich einen Abschluss habe, und was dann kommt, muss Sie ja nicht interessieren, das ist mein Bier.

Julika Was willst du denn machen?

Chris Das ist doch mein Ding. Oder wollen Sie mir das jetzt sagen?

Julika Nein, ich weiß ja nicht, was du machen willst.

Chris Keine Ahnung. Bewerbungen schreiben. Aber dafür muss ich ja diesen Scheißabschluss haben. Dann, ja, Bewerbungen und so.

Julika Wo?

Chris Ist doch scheißegal, ist doch nur Hauptschule, wo soll ich denn da hin? Ich mach Hartz vier, wer will denn einen Deppen von der Hauptschule. Jetzt sag doch nicht, dass du das nicht weißt, du weißt doch, wo du Lehrerin bist, oder?

Julika Wir duzen uns nicht.

Chris Nein. Ist schon klar.

Julika Du musst doch irgendeine Idee haben.

Chris Nein, habe ich nicht. Können wir jetzt anfangen?

Julika Hartz vier. Das ist doch Quatsch, mit so was kann man doch nicht kokettieren.

Chris Mir fällt dann schon was ein.

Julika Ich würde einfach gerne eine Antwort haben.

Chris Sie haben doch auch nicht geantwortet.

Julika Worauf?

Chris Warum Sie das machen.

Julika Ich mach das eben, okay?

Julika steht auf.

Chris Wollen Sie jetzt abhauen?

Julika Ich gehe aufs Klo. Darf ich?

Julika geht nach hinten, Chris blättert die Fotokopien durch. Dann hebt er sein Handy. Julika kommt zurück, er macht unauffällig ein paar Fotos. Julika setzt sich, nimmt die Blätter, kreuzt ein paar Aufgaben an.

Julika Sieh mal diese Sachen hier an. Heute machen wir nichts mehr. Ich melde mich bei dir. Danke für den Kaffee.

Julika geht, Chris wartet, bis sie gegangen ist, und sieht dann die Fotos auf seinem Handy an // evtl. als Projektion. Musik / Coldplay. Julika wirft die Tasche weg, holt sich ein Corona. Chris geht nach vorne, trinkt ebenfalls ein Bier.

Chris Ich hab rumgestottert wie ein Idiot, hab rumgeprollt und nichts gecheckt. Super. Ich hab das alles falsch angefangen. Weil ich durcheinander war. Weil es komisch ist, wenn man mit der Stöhr plötzlich so dasitzt.

Im Café kommt die anders rüber, jünger, gar nicht wie eine Lehrerin. Zickig, klar. Aber auch jemand, wo man merkt, dass man sich gerade wie ein Vollidiot benimmt. Kein Plan oder Scheißpläne. So wie der mit den Fotos. Schrott. Man redet und merkt, dass man gerade völligen Schrott erzählt. Ich rede und höre mich reden und mir wird richtig schlecht, wenn ich mir zuhöre. Das kann doch nicht alles sein, was kommt. Aber mehr kommt da nicht und vielleicht bin ich wirklich ein Idiot, mehr als Idiot bringe ich nicht.

Julika zu Hause, neben sich zwei Flaschen Bier, sie telefoniert.

Julika Mama, ich wollte dich nicht beunruhigen letztes Mal. Nein, ist alles wieder gut, alles fein. Die Klasse ist manchmal schwierig, einer, der Stunk macht. Aber ich kriege das hin. Sicher. Wieso? Wie klinge ich denn? Ich bin ein bisschen erkältet, mehr nicht.

Sie versucht während des Telefonierens ein Bier aufzumachen.

Ich trinke noch gemütlich eine Bionade und dann gehe ich ins Bett.

Nein, weiß ich nicht. In nächster Zeit nicht.

Es ist so viel zu tun. Pfingsten vielleicht.

Nein. Ich hätte gar keine Zeit für dich.
Ich habe gerade viel zu tun.
Ich muss für mich sein, muss eine Klarheit kriegen.

Julika legt auf, atmet durch, trinkt ihr Bier aus, macht die Musik lauter, öffnet noch ein Bier, beginnt zu tanzen. Blende auf Chris, der immer noch vorne an der Rampe sitzt.

Chris Ich hätte irgendwas sagen sollen. Die denkt jetzt bestimmt, dass ich eine faule Sau bin, ein Loser. Die wollen immer einen Traum hören, ein Ziel, das man hat. Das kommt immer gut. Dann haben sie was, wo sie helfen können. Ich muss das irgendwie rausreißen.

Chris tippt in sein Handy. Julikas Handy klingelt. Sie geht ran.

Julika Stöhr?

Chris Hier ist Chris.

Julika Wo hast du meine Nummer her?

Chris Anrufliste. Sie haben mich doch angerufen. Ist jetzt irgendwie schlecht gerade?

Julika Was? Nein, nein. Warte mal.

Julika macht die Musik leiser.

Chris Klingt nach Party bei Ihnen.

Julika Nein. Was ist denn?

Chris Sie haben doch gefragt, was ich machen will, oder?

Julika Ja?

Chris Also Schreiner wäre gut, was mit Holz machen.

Julika Ja, ist doch schön.

Chris Nicht dass Sie denken, dass ich keine Idee habe.

Julika Und deswegen rufst du an?

Chris Musik ist auch nicht schlecht. Also Ideen habe ich schon.

Julika Aber deswegen rufst du doch nicht an.

Chris Ich habe doch gefragt, ob es stört. Stört doch, oder?

Julika Warum? Wegen der Musik?

Chris Sie klingen so ein bisschen komisch.

Julika Wie?

Chris Anders.

Julika Es ist spät, ich bin müde.

Chris Mehr wollte ich nicht sagen. Und noch mal danke sagen.

Julika Mach einfach die Sachen, die ich dir gesagt habe.

Chris Schon klar.

Kurzes Schweigen.

Chris Sind Sie noch dran?

Julika Ich hab noch Besuch. Ist noch irgendwas oder …?

Chris Nee.

Julika Du kannst ja mal was mitbringen. Was du so hörst.

Chris Na ja, aber erst mal reinklotzen, oder?

Julika Das wird schon.

Chris Ich leg dann mal auf. Ihr Besuch wartet.

Julika Genau. Tschüss.

Chris Tschüss.

Chris legt auf, auch Julika legt das Handy weg und geht nach hinten.

Chris nimmt den Stapel Blätter in die Hand, beginnt zu lesen, gibt nach einigen Zeilen auf, er macht sich Musik an, schindet Zeit, nimmt ein Arbeitsblatt, liest darin, wirft das Blatt weg, blättert die anderen durch, schmeißt den ganzen Stapel weg, flucht.

Er zündet sich eine Zigarette an, sammelt die Blätter wieder ein und baut aus einem Blatt einen komplizierten Papierflieger, er fliegt schlecht, er beginnt zu basteln, dann baut er ihn wieder auseinander, faltet den ganzen Stapel, stopft ihn in seine Tasche.

Lichtwechsel auf Café, Julika kommt, kurz danach Chris. Er setzt sich ihr gegenüber.

Julika Hast du die Blätter dabei?

Chris holt die Blätter aus seiner Tasche, legt einen Stift dazu.

Julika Gut. Und?

Stille

Julika Fangen wir an?

Chris nickt.

Julika Was hast du gemacht?

Stille.

Chris Ich kriege das nicht. Ich hab es versucht, wirklich. Ich kann mir das alles nicht merken.

Julika Das ist schlecht. Was machen wir?

Chris Keine Ahnung.

Julika holt ein Moleskine-Buch aus der Tasche.

Julika Für dich.

Chris Was ist denn das? Ein Kalender?

Julika Ein Notizbuch. Schenke ich dir.

Chris blättert es durch.

Chris Das ist ja richtig edel. Danke.

Julika Was ist los mit dir? Womit hast du Schwierigkeiten?

Chris Ich kann mir das alles nicht merken. Da bleibt nichts hängen. Ist vielleicht ein Gehirnschaden. Erblich oder so. Falsche Ernährung. Schwere Krankheit.

Julika Also du kannst nichts.

Chris Klar. Aber nicht die richtigen Sachen. Ich mach Training. Kickboxen.

Julika Weiß ich.

Chris Warcraft hab ich ganz gut drauf. Ich fahre gerne Fahrrad. Zufrieden?

Julika Du bist immer so zickig, wenn man dich was fragt.

Chris Was kann man damit denn machen? Sagen Sie mal? Kann man damit Kohle machen? Suchen die irgendwo gerade Leute, die das draufhaben?

Julika Und Musik? Du willst doch Musiker werden.

Chris Ja klar, ich geh zu Bohlen und räum ab. Die rufen schon jeden Tag an.

Julika Kannst du irgendein Lied?

Chris Nein. Ich bin kein Talent oder so, ich schreib nicht Gedichte. Theater und Film, diese ganze schwule Kunstnummer, das ist alles nicht mein Ding.
Ich bin nur das hier. Enttäuscht?

Julika Fangen wir an.

Sie nimmt seine Blätter, das oberste ist geknittert und gefaltet und eingerissen.

Was hast du damit gemacht?

Chris Tut mir leid. Ein Flieger. Ist mir so passiert, kann man aber alles noch lesen.

Julika Sieht ziemlich kompliziert aus. Zeig mal.

Chris Was?

Julika Ich brauch auch mal 'ne Pause. Zeig mal. Dann fangen wir an.

Chris faltet den Flieger in hoher Geschwindigkeit zusammen.

Sieht gut aus. Lass mich mal.

Julika beginnt zu falten.

Chris Nee, jetzt erst den Falz, dann hier so überkreuz.

Julika versucht es.

Jetzt einreißen. Nein, nicht so weit, halt. Jetzt hat die Tragfläche einen Riss.

Julika Ich fang noch mal an.

Julika nimmt ein neues Blatt.

Chris Nur bis hier knicken. Ja. Lass mich mal.

Julika Ich krieg das schon.

Chris Scheiße, so wird das nichts! Das ist doch nicht so schwer, Mann.

Julika Sei doch nicht so ungeduldig. Ich krieg das schon.

Chris sieht ihr gespannt zu, sie faltet den Flieger zu Ende.

Chris Ja. Besser. Ja. Lass mal sehen.

Chris prüft den Flieger fachmännisch, wiegt ihn in der Hand.

Für den Anfang okay.

Stille, dann schmeißt er den Flieger und lacht.

Das ist doch voll krank, oder?

Julika Hol den wieder, das ist Unterrichtsmaterial.

Chris Natürlich, Frau Stöhr. Stöckchenholen kann ich auch. Hab ich ganz vergessen.

Chris steht auf und holt den Flieger.

Julika Ich dachte, du läufst immer so rum? War wohl doch was Besonderes.

Chris Ich frag doch auch nicht, wer bei Ihnen zu Besuch war, oder?

Lichtwechsel. Chris geht nach vorne, Julika nach hinten ab.

Chris Erst kam so eine Rede, dass ich lernen muss, wie man lernt und so. Den Rest der Zeit hat sie mir gesagt, was ich unbedingt

draufhaben sollte für die nächste Arbeit. So mit tiefem Blick, knickknack, ich hab ja nichts gesagt.
Diese Lehrernummer eben.

Chris demonstriert es.

Ich habe das in dieses Buch geschrieben. Das hat die Arbeit einfacher gemacht. Keine Rede mehr davon, dass ich das alles draufkriegen soll.
Man sollte sich über Sachen, die man nicht kapiert, keine Gedanken machen. Und wenn man damit aufhört, werden die Dinge leichter. Man wird lockerer. Vielleicht gibt es nichts zu kapieren. Ich habe geschrieben, sie hat die Getränke bezahlt und da wirkte sie auch schon lockerer. Manchmal sind die Sachen einfach so, wie sie sind. Mehr nicht.
An dem Abend bin ich ins Subway, das ist eine ganz schöne Ecke bis dahin, aber das tat gut, einfach nur fahren und da mal checken, wer da ist. Die Üblichen, alles wie immer, keine Überraschungen und es hat nicht mal genervt, dass mich Samira auf der Treppe zum Klo abpasst und fragt, warum ich mich nicht melde und dass ich ein komischer Typ bin. Das alles sagt sie jedes Mal und es ist diesmal in Ordnung, dass sie das immer sagt, und irgendwann machen wir da auf der Treppe rum und ich denke, nee, mit der geht das doch eigentlich gar nicht.
Aber scheißegal, ich hab auch keinen Bock auf irgendwas Neues und wenn die mir die Zunge in den Hals steckt, weiß sie wenigstens schon, dass sie bald wieder gefrustet ist und mich mal wieder für einen komischen Typen hält, während das für eine andere, die mich noch nicht kennt und sich irgendwelche Hoffnungen macht, irgendeine riesige Erkenntnis ist. Ein Frust, den sie dann bei mir abladen will. Dabei weiß ich selber, wie ich bin, und es ist mir egal, ich hab keinen Kopp für so was.
Es ist einfach mal gut, einen Abend seine Ruhe von dem ganzen Scheiß zu haben. Und irgendwann, während Samira mich in der Mangel hat oder ich sie, denke ich darüber nach, wer es eigentlich der Stöhr besorgt, und wie, und das ist eine ganz schön schräge Vorstellung, ungefähr so sexy, wie sich die eige-

nen Eltern dabei vorzustellen. So was kommt dann, wenn man sich Gedanken macht. Nur Müll. Seniorensex. Die Preislage etwa.

Als Samira Getränke holen ist, bin ich abgehauen und ich dachte, lange kannst du so Scheißaktionen auch nicht mehr bringen, und dann musste ich noch mal zurück, weil mir dieses Scheißbuch aus der Tasche gefallen ist. Das ist doch auch voll spack.

Julika fragt von hinten.

Julika Was hast du denn für einen Schnitt? Wie kommst du denn darauf, dass du eine Drei bei mir brauchst?

Chris Hat Frau Lautenschläger gesagt. Mathe. Die wird ja wohl noch rechnen können, oder?

Julika Dann hast du einen Schnitt von Drei-Komma-drei.

Chris Ist doch super.

Julika Damit kannst du doch nicht zufrieden sein.

Chris Was hat denn ein Abschluss mit Zufriedenheit zu tun? Ich mach das doch nicht, um mich gut zu fühlen. Das ist doch kein Selbsterfahrungsscheiß oder so. Das ist die Restschule und ich hab dann einen Zettel, auf dem steht, dass ich da war, und ich hab es hinter mir.

Julika Dann läufst du dein ganzes Leben mit diesem Abschluss rum.

Chris Ich will mir den doch nicht um den Hals hängen.

Julika Jetzt stell dich doch nicht blöd. Wenn du dich irgendwo bewirbst …

Chris Ich hab mich aber nirgends beworben.

Julika Und wirst du auch nicht, oder wie?

Chris Wenn das zeitlich passt, vielleicht.

Julika Das ist doch keine Einstellung.

Chris Habe ich auch nie behauptet.

Julika Du willst doch Schreiner werden.

Chris Ich hab jetzt gehört, dass man da manchmal mit Holz zu tun hat. Holz finde ich langweilig. Mach ich doch nicht.

Julika Du bist auf dem Weg, eine Drei bei mir zu kriegen …

Chris Super.

Julika Wenn du in den anderen Fächern, nicht in allen, aber wenigstens in Deutsch oder Mathe jetzt reinklotzt, kannst du auf einen besseren Schnitt kommen.

Chris Klar, kann sein. Bestellen Sie mir die anderen Lehrer auch hierher, das machen wir.

Julika Du könntest Nachhilfe nehmen.

Chris lacht.

Das ist keine Schande. Vielleicht gibt es eine Chance, dass du den Erweiterten machst.

Stille.

Chris Kennen Sie einen, bei dem das was bringt? Irgendein Schnitt? Egal wie er ist? Wer hat denn eine Lehrstelle vom letzten Jahrgang? Wollen Sie mich verarschen? Wissen Sie nicht, was läuft?

Julika Ich weiß nur, dass du dir nichts zutraust.

Chris Es ist scheißegal, was ich mir zutraue. Darum geht es doch nicht.

Julika Aber den Abschluss willst du doch.

Chris Das wollen meine Alten, und weil ich keinen Stress will, mache ich das.

Julika Warum wollen sie das?

Chris Ich weiß nicht. Die denken, das rockt.

Julika Warum?

Chris Weil sie das selber auch mal gemacht haben und beide haben was gekriegt. Was weiß ich.

Julika Und was wollen sie dann?

Chris Dass ich ihnen nicht auf der Tasche liege. Das mache ich auch nicht. Wenn die Schule vorbei ist, bin ich weg.

Julika Wo bist du dann?

Chris Wo hätten Sie mich denn gerne? Was würden Sie denn gerne Ihren Kollegen erzählen, wohin Sie mich gebracht haben? Womit würden Sie sich denn am wohlsten fühlen?

Julika Was ist eigentlich so schwierig daran, sich mal helfen zu lassen?

Stille.

Chris Kommt mir einfach komisch vor. Sie sind meine Lehrerin, und auf einmal interessieren Sie sich für mich, wollen irgendwas mit mir durchziehen.

Das passt doch nicht.

Lichtwechsel.

Julika Ich hab mich mal bei den Kollegen umgehört, wie sie Chris so erleben. Viel kam da nicht, ein verschlossener Junge, geachtet von den anderen, hatte ein paar Schlägereien, ist aber keiner, der von sich aus anfängt. Frauentyp, hat aber anscheinend keine feste Freundin. So richtig schlau wird keiner aus ihm, er erzählt nichts. Andere Schüler packen manchmal ihr ganzes Leben auf den Tisch, wenn man mal nachfragt, er nicht. Interessiert sich für nichts, es zieht einfach alles an ihm vorbei. Über seine Eltern weiß keiner was, seine Klassenlehrerin hat den Brief geschrieben, dass sein Abschluss gefährdet ist, aber da kam auch nichts. Aber das ist nicht ungewöhnlich. Die wenigsten Eltern kümmern sich.

Blöd ist er nicht. Er könnte mehr schaffen. Man hat ja Schüler, bei denen man weiß, die kriegen das nicht hin. Trotzdem hilft man ihnen, versucht gerecht zu sein. Aber man weiß, dass da eine Grenze ist. Bei Chris hatte ich den Eindruck, dass er nur über eine Schwelle drübermüsste, also habe ich Verbündete gesucht. Bin zu seinen Eltern.

Vielleicht wollte ich auch nur die Heimlichkeit der ganzen Sache beenden und das alles in einen Rahmen bringen, der etwas mit Pädagogik zu tun hat.

Oder es war Interesse, wie er lebt, irgendetwas zu finden, das mir hilft, zu verstehen, warum er so ist, wie er ist.

Ich wollte mit ihnen über ihren Sohn sprechen, sie dafür gewinnen, ihm Nachhilfe zu besorgen, und wenn es am Geld scheitern sollte, hätte ich geholfen.

Und wenn es nur ist, dass ich hereinkomme, über Bierflaschen stolpere und merke, dass hier keine Hilfe zu erwarten ist, dass ich alles selbst entscheiden muss. Das wäre eine Klarheit ge-

wesen, das alleine weiterzumachen oder ganz zu lassen. War es aber nicht.
Sozialbau aus den Sechzigern, Couchtisch, Sofagarnitur, Überdeckchen und Glasfiguren, ein Spießeridyll, penibel aufgeräumt.
Seine Mutter, die heillos aufgeregt war, weil eine Lehrerin unangemeldet vor der Tür steht, unfähig, überhaupt nur zu fragen, was los sei, sofort schuldbewusst.
Der Junge ist eigentlich verständig, der sagt nur nie was, erzählt nichts, ob es denn so schlimm sei mit ihm?
Da habe ich Hoffnung geschöpft, das kann alles noch werden, da muss man jetzt handeln, gemeinsam, und ich fühlte mich verstanden. Eine Frau, die sich zumindest Sorgen macht und nicht weiß, wie sie ihren Sohn noch erreichen soll. Bereit, auch die schlimmsten Geschichten über ihren Sohn zu glauben. Geschichten, die ich nicht erzählt habe, nein.
Aber ich habe sie auch nicht beruhigt. Ich habe gesagt, dass alles noch offen ist, die Zeit muss genutzt werden. Wenn man ihn jetzt unterstützt, kann noch alles gut werden und ich habe mich reingesteigert in mein Helfersyndrom, dass er jetzt bald seine Abschlussprüfungen macht und dass er dafür lernen muss, viel tun muss, alle Unterstützung braucht.
Ich habe nicht gemerkt, dass nichts von dem, was ich sage, ankommt, außer, dass es schlimm steht, wenn man nichts macht. Ich habe das erst gemerkt, als der Vater nach Hause kam, misstrauisch von Anfang an. Was hat Chris denn verbrochen? Es steht schlimm, sagt die Mutter, er solle sich aber nicht aufregen.
Er regt sich auf, sofort, ohne Anlauf, Chris hat es versaut, hat was ausgefressen, der ist missraten, das ist nicht seine Erziehung, von der Mutter ist nicht mehr die Rede, sie ist nicht zuständig, hat ihn nie im Griff gehabt, seine Erziehung war hart, das funktioniert, zu Hause muckt der Junge nicht auf, und wenn die Schule das nicht schafft, wenn er da nichts bringt, sind das die Lehrer, diese Schule, die ihm keine Disziplin ab-

fordert und von ihm aus könnten Lehrer mehr strafen, anders kommt nichts bei diesen Faultieren an. Da muss man sich nicht wundern, wenn sie aus dem Ruder laufen, und jetzt will er wissen, was Chris ausgefressen hat.

Chris *von hinten O-Ton Vater* »Also schafft er das oder nicht? Klartext! Was ist los, warum sind Sie da!«

Julika Christopher braucht Hilfe. Bei den Hausaufgaben, Nachhilfe in den Hauptfächern …

Chris *von hinten, O-Ton Vater* »Soll ich jetzt mit Chris Hausaufgaben machen? Mit einem Siebzehnjährigen? So weit kommt es noch, der ist doch kein Kleinkind mehr. Klartext: Ist der Junge faul?«

Julika Nein, nicht faul.

Chris *von hinten, O-Ton Vater* »Was dann?«

Julika Er braucht Hilfe.

Chris *von hinten, O-Ton Vater* »Der muss wissen, wer das Sagen hat. Was unterrichten Sie denn, Fräulein?«

Julika Bitte nicht in dem Ton.

Chris *von hinten, O-Ton Vater* »Der soll seinen Abschluss machen, jeder Dreckstürke kriegt das hin, da wird er das doch auch schaffen. Da müssen Sie als Lehrer mal ein bisschen hinlangen, Druck machen!
Man fragt sich ja wirklich, was da den ganzen Tag gemacht wird in der Schule. Schüler, die nichts schaffen, Lehrer, die ständig jammern, dass sie zu wenig Freizeit haben, so leicht möchte ich mein Geld auch mal verdienen.
Und nichts kommt dabei raus, nichts!
Und jetzt soll man noch dafür bezahlen, dass er Nachhilfe kriegt, wofür geht der denn in die Schule? Warum klappt das denn alles nicht? Sagen Sie mir das, Fräulein, warum denn?«

Julika steht auf.

Julika Danke für den Kaffee.

Chris *von hinten O-Ton Vater* »Das wissen Sie jetzt auch nicht, was? Keine Ahnung, was? Und ich hab einen Sohn, der bei den Asozialen landet! Soll ich für den bis zur Rente durchbezahlen? Ich arbeite, seit ich sechzehn bin, und ich hab meinen Job behalten, weil ich arbeiten kann, und ich meine richtige Arbeit, Fräulein, richtige Arbeit! Da bin ich kaputt, wenn ich nach Hause komme, und da soll ich meinem Sohn noch helfen, weil die Schule das nicht schafft?«

Julika geht nach hinten, Musik. Chris geht nach vorne, er hat ein geschwollenes Auge, er hat eine Klassenarbeit in der Hand, geht unruhig auf und ab. Julika kommt, sie hat zwei Flaschen Corona in der Hand. Chris beachtet sie nicht. Sie stellt die eine Flasche auf den Boden, trinkt einen Schluck aus ihrer Flasche und beobachtet ihn. Nach einer Weile nimmt Chris einen Schluck, verzieht das Gesicht.

Chris Ist das die Belohnung oder was?

Julika Gratuliere zu deiner Drei.

Chris Da haben Sie sich ja echt in Unkosten gestürzt.

Stille.

Julika Sieht doch langsam schon wieder besser aus mit deinem Auge. Tut es noch weh?

Chris trinkt noch einen Schluck.

Julika In Mitarbeit hast du auch eine Drei. Und wenn du jetzt noch in der mündlichen Prüfung gut bist, hast du deinen Abschluss. Das wolltest du doch.

Chris Super.

Julika Ich muss das nicht machen.

Chris Sicher?

Julika Ich freu mich für dich.

Chris Freut sich wenigstens einer.

Stille.

Was ist das denn für eine Plörre?

Julika Mexikanisches Bier.

Chris Krass, was Besonderes.

Julika Mir schmeckt das.

Chris Schmeckt wie Oma unterm Arm.

Julika Du musst es ja nicht trinken. Du musst gar nichts.

Chris Ach nein?

Julika Brauchst du Hilfe in den anderen Fächern?

Chris Haben Sie nicht langsam genug?

Julika Wovon?

Chris Sich zu rächen? Für die Ohrfeige? Ich hab doch mein Ding gemacht, oder? Was wollen Sie denn noch?

Stille.

Julika Tut das weh?

Chris Nein. Hab ich Ihnen schon mal gesagt. Reine Gewöhnung. Das merkt man gar nicht. Man merkt nur Sachen, die man nicht gewohnt ist.

Julika Was denn zum Beispiel?

Chris Mir fällt nichts ein. Ihnen, Fräulein Stöhr?

Stille

Julika Alles Gute für die Prüfungen. Ich habe meinen Teil getan. Oder ist noch was?

Chris schüttelt den Kopf. Julika geht.

Chris Ich kam an dem Abend nach Hause und der Alte ruft mich rein, hochrote Birne, Mama völlig verstört. Los, den Fahrradschlüssel. Ich hab nichts kapiert. Jetzt werden andere Saiten aufgezogen und dann ging es los. Kein Sportclub mehr, kein Computer, jetzt wird sofort nach der Schule angefangen zu lernen, jeden Abend Hefte vorlegen … ich hab nichts kapiert, hab gelacht, weil das so schräg war. Und dann kam es raus.

O-Ton Vater »So weit ist es schon mit dir, dass hier unangemeldet irgendwelche Schnepfen vor der Tür stehen, um einem zu sagen, dass es auf der Kippe steht.«

Das hat sie gesagt? Das hat sie gesagt?

O-Ton Vater »Brüll hier nicht rum, ich war noch nicht fertig!«

Was hat sie gesagt, was hat sie über mich gesagt!

O-Ton Vater »Diese Lehrer kriegen doch nie einen geraden Ton raus, aber wenn die schon hier anrückt in ihrer kostbaren Freizeit, dann muss es ja schlimm stehen. Und jetzt kümmere ich mich mal darum, du zeigst ab jetzt alle Arbeiten vor, wenn schon dieses faule Lehrerpack es nicht schafft, dir was beizubringen, nehme ich das in die Hand, los zeig mal deine Sachen.«

Chris setzt sich hin, betrachtet die Arbeitsblätter und das Notizbuch.

Normalerweise ducke ich mich weg, wenn der Alte ausrastet, ich lass ihn machen, aber ich hab es nicht im Griff gehabt, hab mich gewehrt, hab zurückgeschrien, dann hat er mich rundgemacht. Was hätte er auch machen sollen. Dann bin ich in mein Zimmer.
Wenn ich die Stöhr an dem Abend in die Finger gekriegt hätte, wäre sie dran gewesen. Ich hätte sie fertiggemacht, das schwöre ich.

Chris sitzt einen Moment, dann holt er die Arbeitsblätter und das Notizbuch und zerfetzt sie.

Zwei Tage später war die Arbeit. Ein paar Sachen hab ich noch gewusst, nicht viel, ich hab einfach hingeschrieben, was ich noch so im Kopf hatte und dann ist es eine Drei geworden.
Die hat gewusst, dass sie mir das eingebrockt hat, das hab ich gemerkt.
Als die Korrektur an der Tafel stand, hab ich gesehen, dass sie die Hälfte meiner Fehler nicht angestrichen hat, einmal hat sie sogar was mit Bleistift ergänzt. Die ganze Klassenarbeit war eine Fälschung. Ich konnte mich nicht drüber freuen, ich wollte nur noch weg, ich war so sauer. Enttäuscht irgendwie.

Chris schweigt einen Moment.

Ich hätte sie töten können, warum macht die so einen Scheiß.

Lichtwechsel auf Julika, die einen Brief liest.

Julika Wir wissen, dass du blöde Fotze mit Chris fickst. Sag mal, ist dir das nicht peinlich? Hinter einem Schüler hersteigen mit deinen Hängetitten und deinem flachen Arsch? Findest du sonst keinen, der dich fickt? Dir muss man es mal richtig besorgen und dir die Fresse polieren, da kannst du drauf warten, was da mit dir passiert. Wir beobachten dich, bald bist du dran. Und mach keine Anzeige, sonst weiß das die ganze Schule und dann kannst du dich begraben lassen. Wir wissen alles.

Julika faltet den Brief zusammen, sitzt einen Moment regungslos, geht dann zu Chris und gibt ihm den Brief.

Julika Sagst du mal was dazu?

Chris Da denken welche, dass wir ficken.

Julika Das ist keine Frage zum Textverständnis. Ich will wissen, wo das herkommt.

Chris War kein Absender drauf?

Stille, sie sehen sich an.

Julika Ich gehe mal davon aus, dass du nicht so kindisch bist, mir solche Briefe zu schicken. Obwohl mich nichts mehr wundert. Aber ich kann mir gut vorstellen, dass du irgendwem irgendeinen Mist erzählt hast, um mich fertigzumachen.

Chris Das kannst du dir vorstellen, ja?

Julika Duz mich nicht.

Chris Ich duze dich, wenn es mir passt, wundert dich das?

Julika Ach, jetzt machen wir einen auf großkotzig, ja? Sei dir mal deiner Sache nicht so sicher.

Chris Was hab ich denn mit so einem Brief zu tun?

Julika Genau das will ich wissen. Wie kommt es, dass ich einen Brief kriege, in dem so etwas steht?

Chris Keine Ahnung.

Julika Du weißt nichts, du kannst nichts, du bist nichts, das kann ich nicht mehr hören!

Chris Musst du ja nicht.

Julika Ich hab eine Krankmeldung, in der steht, dass ich Verletzungen hatte, ich kann das jederzeit noch melden.

Chris Wer glaubt denn das noch, drei Wochen später.

Julika Deine letzte Arbeit war eine Fünf.

Chris Weiß ich.

Julika Wenn du glaubst, dass du damit durchkommst …

Chris Aber du kommst durch mit einer Arbeit, in der du eine Drei gegeben hast, in der du Fehler korrigiert hast. Dazu noch eine uralte Krankmeldung. Wenn du mich hochgehen lassen willst, lass ich dich hochgehen. Ich hab nichts zu verlieren. Aber du. Dann bist du deinen Job los. Dann gehst du krachen. Klar?

Julika steht zitternd vor ihm, sie hat einen Impuls, ihn zu schlagen, er geht einen Schritt auf sie zu.

Chris Schlag doch zu, deinen Job bist du sowieso los, dann kannst du mir auch eine reinreichen. Mir macht das nichts, ich kann was wegpacken. Mach doch.

Julika ballt die Faust.

Chris So Sachen passieren, wenn man mit dem Arsch an der Wand ist.

Julika Du bist ein mieses, berechnendes Schwein, mehr nicht. Bist du jetzt zufrieden?

Chris zündet sich eine Zigarette an.

Chris Danke für Ihr Vertrauen, Fräulein Stöhr, danke, dass ich weiß, wie viel Sie von mir halten.

Julika Du fühlst dich gut, ja, hast es mir so richtig gezeigt.

Chris Verdammte Scheiße! Sie sind doch zu meinen Eltern gelatscht, Sie müssen doch gewusst haben, dass die mir Ärger machen. Sie haben da gesagt, dass ich das alles nicht packe. Sie haben mich verraten, ich habe das weggesteckt, und jetzt kommen Sie an und nennen mich ein Schwein. Du denkst doch nur an dich und deinen Scheiß Hilfeding, mit dem du dich wichtig machst. Wissen Sie, was da los war?

Julika Ich habe da nichts gegen dich gesagt.

Chris Du kapierst überhaupt nichts. Das geht die nichts an. Das war eine Sache zwischen uns. Ich hab nichts gesagt, niemandem. Und du redest von Vertrauen!

Julika Das war vielleicht ein Fehler, aber das ist doch kein Grund …

Chris Ich habe getan, was ich konnte, ich hab keinen Stress gemacht, ich habe mich an die Abmachung gehalten, ich habe mich auf diesen ganzen Scheiß eingelassen.

Julika Und was ist das hier?

Chris Wir sitzen drei Wochen lang zusammen in einem Café, ist doch klar, dass das irgendjemand sieht. Da kann ich doch nichts für! Wenn irgendwelche Tussen uns zusammen sehen, wenn das irgendjemand sieht, kann so was passieren.

Stille.

Julika Was wollen die denn?

Chris Keine Ahnung.

Julika Wollen die mich erpressen?

Chris Keine Ahnung, die wollen ihren Spaß.

Julika Warum denn?

Chris Ich sag doch, ich habe keine Ahnung! Vergessen Sie es einfach.

Julika Die müssen doch irgendeinen Grund haben.

Chris Wieso denn? Muss man doch nicht. Opfer ist Opfer. Mehr nicht.

Julika Und warum soll ich dir glauben?

Chris Das müssen Sie selber wissen.

Stille

Julika Wie kommst du denn darauf, dass der Brief von Mädchen kommt.

Chris War nur so eine Idee.

Julika Wer ist das?

Chris Keine Ahnung.

Julika Mädchen würden so einen sexistischen Mist niemals schreiben.

Chris Sie haben echt keine Ahnung.

Julika Du hast doch irgendeine Idee, oder?

Chris Und wenn schon.

Julika Dann sag, wer das ist, damit ich das klären kann.

Chris Ich habe gesagt, dass Sie das vergessen sollen.

Julika Ich will jetzt Namen wissen.

Chris Ich verpfeife niemanden, und wenn es mein schlimmster Feind wäre.

Stille.

Chris Wollen Sie mir jetzt nicht noch mal drohen? Wäre doch eine gute Gelegenheit.

Julika Würdest du mir das zutrauen?

Chris Was trauen Sie mir denn alles zu.

Julika Ich will, dass das aufhört. Das ist alles. Es interessiert mich nicht, wer sich da einen ›Spaß‹ erlaubt, wer mir eine reinwürgen will. Das soll nur aufhören.

Stille.

Julika Es tut mir leid, dass ich dich verdächtigt habe, okay?

Chris Okay.

Julika Du kriegst deinen Abschluss und es wäre schön, wenn das für dich nicht nur eine idiotische Aktion einer unfähigen Lehrerin gewesen ist, sondern wirklich ein Angebot. Auch wenn viel schiefgegangen ist.

Chris Ich fand das gut.

Julika Wirklich?

Chris Irgendwie schon.

Chris nimmt den Brief, zerreißt ihn.

Chris Wenn Sie darauf nicht scheißen können, versuche ich das in Ordnung zu bringen.

Julika Wenn du das kannst.

Stille.

Julika Wenn du deinen Abschluss hast, können wir uns ja noch mal treffen. Dann erzählst du mal ein bisschen, wie es weitergeht.

Chris Sie haben meine Nummer.

Lichtwechsel, Chris geht nach hinten, Julika holt ihre Aktentasche, ihr Handy klingelt.

Julika Guten Tag, Herr Renkhardt.
Um zwei Uhr, ja, das geht.
Worum geht es denn in der Konferenz?
Wer ist es denn?
Angelina und Silke. Silke Kowalski?
Ja.
Wann ist das passiert?
Weiß man, wer sie zusammengeschlagen hat?
Wie geht es den beiden denn?
Nein, ich kenne die beiden nur aus dem Unterricht, dazu kann ich nicht viel sagen. Dazu habe ich keine Theorie.
Natürlich.
Mit wem sollte ich denn darüber reden, Herr Renkhardt.
Wenn Sie wollen, dass wir das intern regeln.
Das müssen Sie entscheiden, ich habe dazu keine Meinung.

Ich werde da sein.

Julika legt auf, steckt langsam ihr Handy ein und geht los, von hinten nähert sich Chris. Julika bleibt stehen, sie sieht ihn nicht an.

Chris Sie werden keine Briefe mehr kriegen.
Ich habe das Problem gelöst.

Stille.

Das wollten Sie doch, dass ich das Problem löse, oder?
Das habe ich gemacht. Okay?
Da kommt nichts mehr.

Stille.

Alles okay, Fräulein Stöhr?

BLACK.

Materialien

Inhalt

Materialien

I Formen der Gewalt

1 Keiner hat was gesehen!

Sebastian und David (beide 13)

Unsere Zukunft (die eh nichts wird)

Keiner weiß, wie die Zukunft aussieht. Wir auch nicht. Wir könnten als Säufer in irgendeinem Getto zwischen BSE-verseuchten Ratten enden.

Wir könnten auch Politiker werden, Versprechen abgeben, die wir sowieso nicht halten, die nächsten Landtagswahlen verlieren und uns dann auf irgendwelchen Karnevalsfesten betrinken.

Wir könnten auch Boxchampions werden, keine Gentlemen wie Henry Maske, ständig eins unter die Gürtellinie kriegen und nur mit halben Ohren durch die Gegend laufen.

Aber wir hoffen, wir werden Bierkönige von Mallorca, die so viel Geld haben wie Haare auf dem Kopf. Haarausfall zählt nicht.

Aber wir werden keine Bierkönige, weil wir nicht wissen, wie man Bier braut.

Wir werden auch keine Boxer, weil wir noch keinen umgebracht haben und noch nicht im Knast waren.

Wir können auch nicht keine Politiker nicht werden, dazu sind wir zu intelligent.

Wir können auch keine Säufer werden, da wir minderjährig sind und nicht an den Bölkstoff rankommen.

Vielleicht gibt es noch Hoffnung. Vielleicht wird unsere Zukunft doch was.

Selina Kleinmann (11)

Ich habe eine Wut in mir. Ich will gern mal schreien, aber ich weiß nicht, wo. Ich brauche einen Ort zum Schreien, zum Wutrausschreien. Aber wo? Ich weiß nämlich gar nicht, wohin mit mir und meiner Wut. Das ist ja das Doofe.

An jeder Schule sollte es ein Wutzimmer geben. Ein großes Zimmer mit Wänden, durch die kein Geräusch dringt. Matten zum Dagegentreten. Weich, damit man sich nicht wehtut. Es sind zwei Zimmer, eines, wenn man wütend auf andere ist, und eines,

wenn man wütend auf sich selbst ist. Man darf nur einzeln rein. Ich brauche ein Podest, von da schreie ich runter. Ich sage gleich morgen der Direktorin Bescheid, dass wir dringend ein Wutzimmer brauchen. Ein Junge aus meiner Klasse ging aus der Schule und dann kam ein Junge aus der Sechsten und hat ihm ein Bein gestellt. Dann hat er ihn getreten. Der Junge aus meiner Klasse hat geweint. Ich glaube, der Sechstklässler war auch wütend und hat seine Wut an dem Jungen ausgelassen. Der Sechstklässler braucht unbedingt das Wutzimmer.
Ich auch.

Alexandra Milinski (13)
Mein größter Traum ist, nie wieder SCHULE SCHWÄNZEN und die SCHULE zu SCHAFFEN.
Ich möchte auch besser werden. Und nicht mehr TRICKSEN.
Das sind meine WÜNSCHE, die ich einhalten werde. Und immer regelmäßig HAUSAUFGABEN machen. Und auch versuchen, NETT zu den LEHRERN zu sein. Und regelmäßig zum UNTERRICHT erscheinen. Auch die ARBEITEN müssen besser werden.
Ich versuche, nie wieder zu SCHWÄNZEN, nie wieder zu TRICKSEN, NETT zu den LEHRERN zu sein, immer die HAUSAUFGABEN zu machen, nie mehr vom UNTERRICHT abzuhauen, die SCHULE zu SCHAFFEN, und die ARBEITEN müssen besser werden.

Özlem (14)
Ich will, ich will, ich will, ich will,
ich will, ich will, ich will, ich will,
ich will, ich will, ich will, ich will,
ich will, ich will, ich will, ich will,
ich will, ich will, ich will, ich will,
ich weiß selber nicht, was ich will.

Aus: Reiner Engelmann (Hrsg.): Keiner hat was gesehen! Texte über Gewalt an der Schule. Bertelsmann Verlag, München 2007, S. 98 ff.

2 Im Schatten der Wächter

Prolog

Die letzte Stunde war vorbei. Er war schon fast zum Tor hinaus. Da packten sie ihn und schleppten ihn zurück zu den Umkleidekabinen hinter der Schule. Kevin Cunningham. John Sanders. Steven Watson. Jeder von denen war alleine schon schlimm genug. Die drei zusammen waren schrecklicher als alles, was er sich hatte vorstellen können.

Sie stießen ihn mit dem Rücken gegen die Wand und hielten seine Arme fest. Kevin schob sich ganz dicht an ihn heran, bis sein Atem Elliots Gesicht streifte.

„Hallo, Elliot. Hast du gedacht, wir hätten dich vergessen?"

Er sagte nichts. Jede Reaktion würde alles noch schlimmer machen.

„Antworte, wenn man mit dir spricht."

„Nein."

„Nein was?"

„Nein – ich habe euch nicht vergessen."

„Du bist ein Verlierer, Elliot, weißt du das?"

„Das … weiß ich."

Kevin lächelte. „Es gibt einen Ort für Typen wie dich, Elliot. Man nennt ihn Müllhalde. Warum tauchst du immer wieder in der Schule auf? Du weißt doch, dass wir auf dich warten, um dich dahin zurückzubringen, wo du hingehörst." Er beugte sich vor und riss die Brusttasche von Elliots Jackett ab. Sie hing da wie eine tote Zunge.

Dann machte er dasselbe mit den anderen Jackentaschen.

Einen Moment lang fühlte Elliot gar nichts. Doch mit einem Mal bewegte sich etwas in ihm, als hätte man einen Schalter umgelegt. Plötzlich, unerklärlich und erschreckend explodierte ein weiß glühender Zorn, etwas, das Elliot noch nie erlebt hatte. Die Wut fraß sich durch ihn hindurch, geriet außer Kontrolle, wurde zu einem brüllenden Feuersturm, zu der Raserei eines Wahnsinnigen. Er riss sich von den Händen los, die ihn gepackt hatten, stürzte sich auf Kevin und schlug ihn, schlug ihn, schlug ihn – wieder und wieder und wieder …

„Ich bring dich um, ich bring dich um, bring dich um, bring dich um!"

Sie zerrten ihn zurück und warfen ihn wieder gegen die Wand. Sein Hinterkopf schlug gegen die Kacheln, und ihm wurde übel.

Langsam stand Kevin auf. Er wischte sich das Blut von seinem Mund. „Das wirst du bereuen", sagte er. „Sehr sogar."

Elliots Zorn war verflogen. Er spürte nur noch eine wohlige Taubheit in seinem Innern. Alles stand jetzt klar und deutlich vor ihm. Schon bald würde er tot sein. Aber in Wirklichkeit hatten sie ihn bereits vor langer Zeit umgebracht. Also konnten sie ihm gar nicht mehr wehtun.

„Ihr könnt mich nicht umbringen", sagte er. „Ich bin doch schon tot."

Der erste Schlag traf ihn direkt über dem Herzen, und es tat überhaupt nicht weh.

Ihr könnt mich nicht verletzen. Ich bin doch schon tot. Tot.

Aber dann folgte der zweite Schlag, auf die Seite seines Kopfes, und der dritte, genau dorthin, wo der erste gelandet war.

Und sehr bald kamen die Schmerzen.

Aber ihr könnt mir nicht wehtun, dachte er. *Ich bin schon tot.*

Der Schmerz wurde stärker – ein warmes Pochen, das sich langsam ausbreitete.

Dann explodierte eine thermonukleare Bombe in seinem Kopf, und er fiel. Und fiel. Und schließlich kam die Erlösung. Er starb.

Kapitel 1

Elliot Sutton schluckte die klebrige, säuerliche Angst herunter, die ihn zu ersticken drohte. Es war der erste Tag des neuen Jahres. In weniger als einer Woche erwartete ihn der erste Tag an der neuen Schule.

Denk positiv, sagte er sich immer wieder. Es sollte ein neuer Anfang für ihn werden. In seiner neuen Schule wusste niemand von den vergangenen Ereignissen. Er ging dorthin mit einer reinen

Weste und einer völlig unbefleckten Identität. Er konnte ein neues Leben beginnen – etwas, das sie sich alle erhofften.

Das soll doch wohl ein Witz sein, dachte er. Als ob ein neues Haus und eine neue Stadt einen Zauberbann weben konnten, der seinen Vater gesund machen würde. Bisher hatte sein Vater nicht zu erkennen gegeben, dass er ihren Umzug überhaupt bemerkt hatte. Er saß in demselben Sessel und schaute sich dieselben Sendungen im Fernsehen an, Tag für Tag …

Denk positiv. Elliot schaute sich in seinem Zimmer um und betrachtete die vollen Umzugskisten, die dickbäuchigen Plastiktüten und den abgewetzten offenen Koffer, aus dem seine Kleider auf den Boden quollen. Es war zwei Wochen her, seit sie in dieses Haus gezogen waren, und er hatte es noch immer nicht über sich gebracht, seine Sachen auszupacken. Er zog einfach die Kleidungsstücke hervor, die er täglich brauchte, und redete sich ständig ein, dass er die Sache „morgen" in Angriff nehmen würde.

In Wahrheit fürchtete er sich davor, auszupacken. Alles, was in den Kisten, den Plastiktüten und dem Koffer steckte, erinnerte ihn daran, wo er herkam. Und da wollte er ganz bestimmt nie wieder hin, nicht einmal in Gedanken.

Während er so dastand, wurde ihm klar, dass er eine Entscheidung getroffen hatte, ohne sich dessen wirklich bewusst gewesen zu sein. Er würde nicht auspacken. Das meiste, was da verstaut war, gehörte seiner Vergangenheit an, nicht seiner Gegenwart. Es sollte bleiben, wo es war. Er würde nur herausholen, was er unbedingt brauchte. Der Rest sollte verborgen bleiben. Vielleicht konnte er die Sachen sogar irgendwie loswerden – auf diese Art würde er niemals in Versuchung kommen, zu seiner Vergangenheit zurückzukehren.

Eine Welle von Energie überflutete ihn, und er machte sich an die Arbeit, bevor sie wieder abebben würde. Er leerte den Koffer auf dem Bett aus. Drei Paar Jeans, ziemlich abgetragen, aber das machte nichts. Sie durften bleiben. Ebenso seine Sweatshirts und seine T-Shirts. Einer der wenigen Vorteile, die es hatte, dass er seit seinem zwölften Lebensjahr nicht mehr viel gewachsen war, war die Tatsache, dass er noch keine neuen Kleider brauchte. Das war ein glücklicher Umstand, denn bei seinem letzten Versuch, seine Mutter zu überreden, ihm Geld für neue Sachen zu geben, hatte sie in seinen Kleiderschrank geschaut und gefragt: „Was ist denn an deinen Kleidern auszusetzen? Die sind doch noch tipptopp. Wahrscheinlich kannst du sie noch jahrelang tragen, solange du nicht wächst." Was so viel hieß wie: *Tut mir leid, das können wir uns nicht leisten*.

Die Schuluniform war ein Problem. Er brauchte Hosen, ein Jackett, Hemden, eine Krawatte, eine Sporttasche ... Das alles würde ein Vermögen kosten. Es war völlig ausgeschlossen, dass seine Mutter das Geld zusammenkratzen konnte, um die Sachen neu zu kaufen. Sie würden in einem Secondhandshop welche besorgen müssen.

Was bedeutete, dass er sofort auffallen würde.

Er schob die niederschmetternden Gedanken über die Kleiderfrage zur Seite, tauchte in die erstbeste Kiste, kramte die wenigen Bücher hervor, die er mitgebracht hatte, und stellte sie auf das Regal.

Was den Rest des Zeugs anging ... Er zog ein verstaubtes Fotoalbum hervor. Die Bilder – von ihm in den verschiedenen Stadien seiner Kindheit, von seiner Familie, seiner Mutter und seinem Vater – waren alle mindestens drei Jahre alt. Seine Mutter hatte schon seit langem keine Fotos mehr gemacht.

Er legte das Album zurück, schob die Kisten unter sein Bett und wuchtete den Koffer auf seinen Schrank.

Er beschloss, keine Poster aufzuhängen. Er wollte saubere, blanke Wände haben. Sie würden ihm ständig in freundliche Erinnerung rufen, dass dieses Haus brandneu war. Frisch. So wie alles, was sich von nun an ereignen würde. Er atmete tief ein und genoss den reinen, verführerischen Duft von frischer Farbe und frischem Holz. Lange hielt er die Luft in seinen Lungen.

Eine Idee, die schon seit geraumer Zeit in seinen Gedanken gekeimt war, machte sich breit und entfaltete sich. *Hier kennt mich niemand*. Er hatte eine Chance. Nicht nur die Chance, den alten

Elliot hinter sich zu lassen, sondern einen völlig neuen Elliot zu finden. Elliot, geboren aus dem Nichts.
„Hier kennt mich niemand", flüsterte er.
Es musste nicht so sein wie früher.
Ich lasse nicht zu, dass es so wird wie früher.

Einst waren sie eine glückliche Familie gewesen.
Das durfte er nie vergessen.
Sein Vater hatte sein eigenes Geschäft gegründet. Er wollte Verpackungen herstellen und verkaufen, spezielle Verpackungen für zerbrechliche und kostbare Güter. „Der Markt wartet nur darauf", sagte er immer wieder. Es gab Leute, die bereit waren, viel Geld dafür auszugeben, dass die Gegenstände, die sie mit der Post verschickten, nicht beschädigt wurden.
„Teuer und exklusiv. Darum geht es." Auch das sagte sein Vater immer wieder. Wo er vorher gearbeitet hatte, war es alles andere als teuer und exklusiv zugegangen. Vielmehr hatte sich alles um billige Angebote und Massenware gedreht. Elliots Vater hatte Verpackungen für eine große Firma entworfen, die diese Verpackungen an andere große Firmen weiterverkaufte. Es war ja nicht so, dass er seinen Job verabscheute, hatte er Elliot erklärt. Aber er mochte ihn auch nicht besonders. Und deshalb reichte er eines Tages seine Kündigung ein und stellte sich auf eigene Füße.
Es war eine gute Zeit. Eine Atmosphäre von Erwartung und Erregung. Von ständiger Aktivität: Sein Vater, der ins Haus sauste, sein Essen herunterschlang und eilige Telefonate erledigte. Sein Vater, der sagte: „So muss man es machen – ich *weiß* es." Mindestens zweimal am Tag sagte er das, jeden Tag, ein Jahr lang, so schien es. Und jeden Morgen zwängten sich Unmengen von Post, Umschläge über Umschläge, Briefe und Sendungen durch den Briefschlitz in der Tür.
Auch später waren noch jede Menge Briefe gekommen. Nach einer Weile versiegte die Flut. Stattdessen klopfte es an der Tür, meistens während des Frühstücks. Elliots Mutter stand auf, öffnete die Tür, unterschrieb auf dem Klemmbrett des Postboten

und kam dann, auf das weiße oder braune Rechteck in ihrer Hand starrend, zum Esstisch zurück. Sie öffnete die Umschläge niemals in Elliots Gegenwart. Sie starrte sie nur an, als ob sie sie nicht deutlich erkennen könnte, als ob sie nicht verstehen würde, was sie bedeuteten.

Aber davor ... Sobald die Briefe durch den Schlitz in der Tür raschelten, sprang sein Vater auf, um die Post zu holen. Er brachte sie zum Tisch und riss sie ungeduldig auf, während sich sein Gesicht beim Lesen zu einem Lächeln verzog oder er – gelegentlich – seine Stirn leicht in Falten legte.

„Das ist eine Investition in unser aller Zukunft. Das ist für uns alle." Eine weitere Lieblingsphrase seines Vaters.

„Hörst du mir zu, Elliot, mein Junge? Das machen wir, damit wir dich weiter mit deinen heiß geliebten Büchern füttern können und trotzdem noch ein Abendessen auf dem Tisch steht. Ich habe übrigens gestern Abend noch um halb zwölf Licht in deinem Zimmer gesehen – aber wahrscheinlich hast du keine Ahnung, wie hoch unsere letzte Stromrechnung war, oder?"

Den letzten Satz brüllte er immer in gespieltem Ärger hervor. Dann, um zu beweisen, dass alles nur ein Scherz war, packte er Elliot um die Taille, wirbelte ihn herum und sagte: „Und wahrscheinlich erwartest du von mir, dass wir am Samstag schon wieder zusammen in die Bücherei gehen ..."

Es war ein uralter Scherz. Elliot und sein Vater gingen jeden Samstag in die Bücherei, und Elliot las leidenschaftlich gern, solange er denken konnte. Wenn er sich in ein Buch vertiefte, versank er in eine andere Welt, im Innern einer Geschichte. Eine kurze Zeit lang ließ ihn die Wirklichkeit in Ruhe.

Auch jetzt griff er nach einem Buch.

Er versuchte, die Angst auszublenden.

Glückliche Familien.

Denk positiv.

Aus: Graham Gardner: Im Schatten der Wächter.
Aus dem Englischen übersetzt von Alexandra Ernst.
Verlag Freies Geistesleben, Stuttgart 2004, S. 7–13.

3 Ich knall euch ab!

Wenn man Englisch in der neunten Klasse unterrichtet, muss man mit allen möglichen seltsamen Dingen rechnen, besonders von einem Schüler wie Brendan Lawlor. Schüler wie ihn erlebt man jedes Jahr. Man hat den Eindruck, in ihrem Kopf spielt sich ein Krieg ab, sie liegen ständig im Kampf mit sich selbst und mit allen anderen in ihrer Umgebung. Brendan hat Gedichte geschrieben, die mir wie Drehbücher zu grauenhaften Actionfilmen vorgekommen sind. In den Gedichten geht es um Schießereien mit automatischen Waffen, abgerissene Gliedmaßen, den Geruch von verbranntem Fleisch, eingeschlagene Schädel, Schulkorridore, die mit Hirn vollgespritzt sind, Bomben, Leute, die um Gnade winseln, bevor ihnen die Kehle aufgeschlitzt wird, und am Ende sprengt sich der Täter selbst in die Luft. Man hätte das beinahe für Satire halten können, nur dass es eben bei einem Schüler wie Brendan todernst gemeint war. Manchmal hätte man ihn am liebsten an den Schultern gepackt, ihn geschüttelt und gesagt: „He, wach auf! Du bist jung. Du hast noch dein ganzes Leben vor dir. Reiß dich zusammen, streng dich an, such dir eine Freundin, geh aufs College, tu endlich was."

Dick Flanagan, Brendans Englischlehrer in der neunten Klasse an der Highschool Middletown

Die !&*#Lehrer wissen ganz genau, was da läuft. Heute hat dieser Idiot Flach mich auf dem Flur geschubst und mich eine Schwuchtel genannt, vor den Augen von Mr Ellin. Kennst du Ellin schon? Das ist der neue Biolehrer. Ich glaube, das ist sein erstes Jahr. Ist so ein Yuppie in Chinos von Gap und blauen Button-down-Hemden. Irgendwie noch mehr Student als Lehrer.
Jedenfalls sagt der, ich soll das nicht persönlich nehmen. Kannst du dir das vorstellen? Flach macht mich vor seinen Augen an und ich soll das nicht persönlich nehmen? Statt dass er dieses A'loch geradewegs in Rektor Currys Büro schleift?

Die Lehrer sind einfach Ignoranten. Und ganz besonders die neuen, die jungen. Bilden sich ein, sie würden uns kennen. Und tun dann so pseudofreundschaftlich. Als ob die was mit uns gemeinsam hätten. Als ob ich auch mal so ein idiotischer Lehrer werden wollte.
Kleine Kostprobe – extra für dich, wird dir gefallen. Ellin behauptet zum Beispiel, das könnte man alles genetisch erklären. Die Sportler sind die dominanten Männchen, und ihre bescheuerten Gene treiben sie dazu an, den Rest des Rudels auf Trab zu halten. Wenn also das nächste Mal einer kommt und meinen Kopf an den Spind knallt, soll ich ihm verzeihen, weil er selbst das ja eigentlich gar nicht tut, sondern nur seine bescheuerten Gene.
Aber wen interessiert das schon, warum die so was tun? Das spielt doch überhaupt gar keine Rolle! Wenn einer blöd angemacht und verprügelt wird, ist es ihm doch #$*%egal, ob der Typ einen nicht ausstehen kann oder ob er bloß von irgendeinem bescheuerten Chromosom dazu getrieben wird. So ein Junk! Wenn ich die abknalle, muss dieser Ellin auch dran glauben, schon weil er versucht hat, das auch noch zu erklären. Oder noch besser: zu entschuldigen. Als müsste man dafür auch noch Verständnis haben. Wenn er dafür Verständnis hat, wird er auch verstehen, wenn ich ihm mit einer TEC-9 eine Kugel in den Arsch jage.

E-Mail von Brendan an Gary

Auszug aus Brendans Abschiedsbrief

Wisst ihr was? Nicht jeder muss tun, was ihr A-löcher verlangt. Eure Kinder haben es vielleicht getan, aber ich und meine Freunde haben beschlossen, es nicht zu tun. Und damit seid ihr nicht fertig geworden, ihr und eure Kinder. Und deswegen habt ihr tun müssen, was dumme, ahnungslose Leute eben so tun, wenn sie etwas nicht kapieren – ihr habt uns angreifen und quälen müssen.
Und ihr Lehrer. Ich dachte, ihr hättet uns beigebracht, dass Amerika ein freies Land ist. Dass Kinder die Möglichkeit haben sollen, anders zu sein, ohne dass uns die Einheitspolizei den Schädel

einschlägt und sich über uns lustig macht. Aber genau das habt ihr Lehrer mit mir und meinen Freunden getan. Ihr habt genau wie alle anderen versucht, uns auf eure engstirnigen Erwartungen zu drillen, was wir zu tun und zu lassen haben und wie wir uns anziehen sollen und und und …

Ihr könnt mich mal. Ihr könnt mich alle mal. Ich hoffe, dieser Brief sticht euch ins Herz wie ein Messer. Ihr habt mein Leben kaputtgemacht. Und ich habe es euch nur mit gleicher Münze heimgezahlt.

Aus: Morton Rhue: Ich knall euch ab!
Aus dem Englischen übersetzt von Werner Schmitz.
Ravensburger Taschenbuch Verlag, Ravensburg 2002, S. 43 ff.

4 Unter Verdacht

„Ursula? Hast du schon gehört?"

Das war die Stimme von Bonnie LeMoyne.

Ich kam gerade aus dem Schulgebäude und war völlig überrascht, so viele Leute am hinteren Ausgang stehen zu sehen, die mit gedämpfter Stimme aufgeregt miteinander redeten. Was war jetzt los? Da drüben stand Bonnie, zusammen mit anderen Mädchen aus der Mannschaft. Sogar Ms Schultz war da. Leute, die beim Spiel zugeschaut hatten. Andere. Zuerst dachte ich, es hätte vielleicht einen Unfall auf dem Schulparkplatz gegeben.

Bonnie winkte mir zu und rief meinen Namen, als ob nie etwas gewesen wäre. „Was soll ich gehört haben? Was ist denn überhaupt los hier?", fragte ich.

„Was Genaues weiß keiner", antwortete Bonnie. „Eine Bombe –"

„Eine *Bombe*?"

„Na ja, vielleicht."

Das Gerücht ging um, dass es am Nachmittag in der Schule eine telefonische Bombendrohung gegeben habe. Oder vielleicht war auch tatsächlich eine Bombe gefunden worden, in der Cafeteria – oder in der Bibliothek? Ein Junge sagte, er habe gehört, die Bombe – „eine Rohrbombe" sei in einem der Räume des Wachpersonals gefunden worden, in der Nähe der Turnhalle. „Wann? Wann soll das denn gewesen sein?", fragte ich skeptisch. „Dann hätten sie doch wohl unser Spiel abgebrochen und die Schule evakuiert?" Aber keiner achtete groß auf mich. Mit hochroten Gesichtern redeten alle durcheinander. Ein paar ältere Schülerinnen kamen mit neuen Nachrichten: Sie hätten soeben gehört, ein Junge aus dem Junior-Jahrgang sei mit einer Pistole in die Schule gekommen – oder war es eine 22.er? – oder ein Maschinengewehr, das innerhalb von Sekunden Hunderte von Kugeln versprühen konnte? Irgendjemand sagte, er habe gehört, der Junge sei verhaftet worden. „In der Rocky River High? Bewaffnete Polizisten?" Wir konnten es nicht fassen. Da spielte unsere Basketballmannschaft gegen Tarrytown und hatte keine Ahnung, was für ein Drama sich in nächster Nähe ereignete! Eine perverse Art von Hochgefühl breitete sich unter uns aus wie elektrischer Strom. Ich redete mit Leuten, die ich kaum kannte. Auch Ms Schultz stand in der Gruppe und redete mit mir, als wäre sie nicht eben noch stinksauer auf mich gewesen.

Ein paar Jungs sagten, der Schulleiter, Mr Parrish, habe den Schüler entwaffnet und die Polizei gerufen – oder war Mr Parrish mit vorgehaltener Waffe in seinem Büro festgehalten worden und musste von der Polizei befreit werden? Irgendwer meinte, er habe gehört, das sei Mr Weinberg gewesen. Alle redeten gleichzeitig. Ein Mädchen berichtete, sie habe Stacy Flynn bleich und weinend an ihrem Schließfach gesehen; sie sei vorzeitig nach Hause gegangen. „Aber sie wollte mir nicht sagen, was los war, kein Wort." Vielleicht hatte der Typ mit der Knarre sie ja bedroht? Je mehr wir spekulierten, desto aufgeregter wurden wir. Es war, als hätte man ein brennendes Streichholz an trockenes Gras gehalten.

Dann erschienen einige ältere Jungs, darunter auch Trevor Cassity aus unserer Footballmannschaft, ein beliebter, draufgängerischer Typ, dessen Vater zufällig für meinen Dad arbeitete. Das Verhältnis zwischen Trevor und mir war aus diesem Grund ziemlich verkrampft. Es gab da eine beiderseitige Verlegenheit und, auf Trevors Seite, eine Aversion gegenüber Ugly Girl, einem Mädchen, das als Sexualobjekt normalerweise unter seiner Würde wäre – wenn da nicht diese mildernden Umstände wären. Also versuchten Trevor Cassity und Ursula Riggs instinktiv, einander aus dem Weg zu gehen, wenn sie sich, was eher selten vorkam, begegneten. Jetzt waren Trevor und seine Kumpel total aufgedreht und entrüstet. Ob wir schon gehört hätten – ein Junior, Matt Donaghy, sei verhaftet worden. Er habe damit gedroht, die Schule in die Luft zu jagen und so viele Leute wie möglich zu „massakrieren".

Matt Donaghy! Das musste ein Irrtum sein.

Ich protestierte. „Das glaube ich dir nicht. So was Idiotisches würde Matt nie tun."

„Hat er aber. Wenigstens hat er's versucht."

Nein – ich kannte Matt Donaghy zwar nicht sehr gut, aber immerhin ging ich seit der Fünften mit ihm auf dieselbe Schule. Dieses Jahr hatten wir nur ein Fach gemeinsam, Literatur bei Mr Weinberg. Matt gehörte zu einer beliebten Clique von Juniors, auch wenn er nicht im Mittelpunkt stand, sondern eher am Rand. Ich hatte den Eindruck, dass er viele Freunde hatte und dass die Mädchen ihn mochten. Er galt als witzig, als Clown, auch als Sprücheklopfer, aber sein Humor war nicht ordinär oder böse. Soweit ich wusste, machte Matt keine Witze, um Mädchen in Verlegenheit zu bringen, und er sagte auch nicht so brutale Sachen wie viele andere Jungs. Und ausgerechnet Matt Donaghy sollte gedroht haben, die Schule in die Luft zu jagen! Eine Bombe mit in die Schule gebracht zu haben, oder ein Gewehr! Eine völlig hirnrissige Vorstellung. Soweit ich mich entsinnen konnte, war Matt Lehrern gegenüber niemals aufsässig oder unverschämt gewesen.

Das alles sagte ich laut, und einige Leute gaben mir gleich Recht, während andere widersprachen. „Matt ist ein Computerfreak, das ist genau der Typ, der solche Sachen macht. Die sind alle miteinander vernetzt." „Das ist nicht Matt, der mit den Computern. Das ist Skeet." „Skeet auch. Vermutlich stecken sie alle unter einer Decke." „Russ Mercer auch? Aber die beiden sind doch nicht verhaftet worden, oder?" „Das kann nicht stimmen. Keiner von den Jungs ist der Typ für so was. Das muss jemand anderes sein." „Wie muss denn einer sein, um so was zu machen? Um eine Schule in die Luft zu jagen?" „Das sind immer die Stillen, Schüchternen. So gehemmte Typen." „Also das ist Matt Donaghy nun wirklich nicht. Der hat einen irren Sinn für Humor. Außerdem ist er Jahrgangssprecher. Du lieber Himmel."

Einer von Trevors Kumpeln sagte, er habe „aus zuverlässiger Quelle" erfahren, zwei Schülerinnen aus der Abschlussklasse hätten gehört, wie Matt Donaghy beim Mittagessen in der Cafeteria gesagt habe, er wolle die Schule hochgehen lassen. Das hätten sie dann gemeldet. „Donaghy soll wohl geplant haben, so viele

Leute wie möglich umzubringen, auch Lehrer, weil er sauer war wegen irgendeiner Note oder weil ein Text von ihm nicht in die Schulzeitung gekommen ist."

„Das ist lächerlich", sagte ich. „Das ist *einfach nicht wahr.*"

Trevor Cassity starrte mich an. „Woher willst denn du das wissen?"

„Weil ich dabei war."

Alle starrten mich herausfordernd an. Plötzlich hatte ich eine Stinkwut auf diese Leute, viel schlimmer als nach dem Basketballspiel.

Ich drehte mich um und ging weg. Schnell.

Ein paar Leute riefen mir noch hinterher, ich solle zurückkommen, aber Trevor Cassity mit seiner leisen, spöttischen Stimme sagte: „Klar. Das ist mal wieder typisch für das Riesenbaby. Von nichts 'ne Ahnung, aber hängt sich in jeden Scheiß rein!" Ich hätte einfach weitergehen können, so tun, als hätte ich nichts gehört, aber ich blieb stehen und rief mit so viel Gelassenheit, wie ich aufbringen konnte, obwohl ich vor Wut zitterte: „Ihr müsst euch doch selber in jeden Scheiß reinhängen, obwohl ihr von nichts 'ne Ahnung habt. Ich jedenfalls glaube kein Wort von der ganzen Geschichte."

Ich drehte mich um und rannte los. Die kalte Luft tat gut! Schneeflocken tanzten wie Federn um mich herum, es war eine echte Wohltat. Mein Gesicht brannte, mein Herz pumpte Adrenalin in den Kreislauf. Es ekelte mich einfach an, wie Leute, die Matt Donaghy kannten, oder die ihn kennen und ihm vertrauen sollten, bereit waren, solche Sachen zu glauben.

Schlimmer noch, sie geilten sich richtig daran auf. Wie eine Meute, die bereit ist, jemanden zu lynchen.

Aus: Joyce Carol Oates: Unter Verdacht.
Die Geschichte von Big Mouth & Ugly Girl.
Aus dem Englischen übersetzt von Birgitt Kollmann.
Deutscher Taschenbuch Verlag, München 2005, S. 32–37.

5 Kann so etwas auch an deutschen Schulen passieren?

Nachrichten über Aggression und Gewalt von Schülerinnen und Schülern untereinander und von Schülern gegenüber Lehrern häufen sich in den letzten Jahren. In den Medien gibt es immer wieder Berichte über Prügeleien und Schlägereien, Belästigungen und Erpressungen. Viele Lehrerinnen und Lehrer haben den Eindruck, die Kinder schon in der Grundschule, besonders aber in der Mittelstufe, seien heute unruhiger, nervöser und unkonzentrierter, in vielen Fällen auch aggressiver, rücksichtsloser und gewalttätiger als noch vor zehn oder 15 Jahren. Auch von Übergriffen auf Lehrerinnen und Lehrer wird berichtet, wobei offenbar an Hauptschulen und Berufsschulen in sozialen Krisengebieten besonders viele Probleme wahrgenommen werden. Hin und wieder hört man auch von Hilfeersuchen an die Polizei, wenn es zu besonders brutalen und folgenreichen Gewaltanwendungen in Schulen gekommen ist.

Inzwischen liegen zahlreiche wissenschaftliche Studien vor, die diesen Eindruck stützen. Es ist leider ganz eindeutig: Das Ausmaß von sozial nicht akzeptabler und unzivilisierter Aggression ist bei Schülerinnen und Schülern in den letzten 20 Jahren gewachsen. Das gilt besonders für die körperliche Gewalt, also die Schädigung und Verletzung eines anderen durch physische Kraft. Diese immer noch typisch männliche Form, bei der Gewalt als vorsätzliches Mittel zur Sicherung und Behauptung der eigenen Position eingesetzt wird, hat an einigen Schulen erschreckende Ausmaße angenommen. Prügeleien, Schlägereien und ein roher Umgangsstil werden vor allem aus Schulen berichtet, bei denen Kinder aus schwierigen Elternhäusern zusammenkommen. Über alle Schulformen hinweg müssen wir in der Mittelstufe bei etwa zehn Prozent der Jungen mit nicht akzeptablen Formen der körperlichen Gewalt rechnen, bei Mädchen liegt dieser Wert bei fünf Prozent. Vergleichende Studien zeigen, dass die Verbreitung von körperlicher Gewalt seit den 1980er-Jahren spürbar zugenommen hat, vor allem bei den extremen Taten, bei denen die Opfer selbst

dann noch gequält werden, wenn sie unterlegen sind und bereits am Boden liegen.
Auch die psychische und verbale Gewalt hat zugenommen, die Schädigung und Verletzung eines anderen durch emotionale Abwertung, Erpressung, Beleidigung, Erniedrigung und entwürdigende Beschimpfung. Hier liegen die beiden Geschlechter fast gleich auf, bei Jungen und Mädchen sind jeweils etwa fünf Prozent krass auffällig, sie stören die Klassengemeinschaft und sorgen für erhebliche Unruhe.
Wie kommt es zu dieser Verrohung der Sitten an den Schulen? Wie kommt es dazu, dass sich Schülerinnen und Schüler, aber auch Lehrerinnen und Lehrer an manchen städtischen Brennpunktschulen unsicher fühlen, weil ständig Auseinandersetzungen und Konflikte zu registrieren sind und die unterschwellige Angst um sich greift, man könne vielleicht auch selbst angegriffen werden?
Die wissenschaftlichen Studien zeigen: Die Ausgangsbedingungen für die Entstehung von Aggressivität bei Schülerinnen und Schülern liegen zunächst außerhalb, Gewalt wird in die Schule gewissermaßen importiert. Viele Familien sind heute in einer schwierigen Situation, wirtschaftlich und sozial, und produzieren psychisch und nervlich gestörte, sozial oft irritierte und verwahrloste, teilweise auch vernachlässigte und misshandelte Kinder, die in die Grundschulen und die weiterführenden Schulen kommen. Diese Kinder werden in der Schule besonders häufig auffällig, weil ihnen die Voraussetzungen fehlen, um Gruppenregeln einzuhalten und die sozialen und leistungsmäßigen Anforderungen des Schulbetriebs zu erfüllen. Das Aggressionspotenzial ist dann besonders hoch, wenn der soziale Halt in der Familie fehlt und wenn dort körperliche und psychische Gewalt praktiziert wird.
Insgesamt findet ein hohes Ausmaß von körperlicher, psychischer und verbaler Gewalt innerhalb der Gleichaltrigengruppen statt, teilweise innerhalb der Schule, teilweise außerhalb. Vor allem in städtischen Ballungsgebieten und sozialen Brennpunkten kann es dabei zu erheblichen Entladungen von angestauter

Aggression und Wut kommen, wobei unterschiedliche soziale und ethnische Herkunft eine große Rolle spielen.
Ist die Atmosphäre einmal aggressiv aufgeheizt, kommen auch die Medien ins Spiel. Der Konsum von Horrorvideos und anderen gewalthaltigen medialen Produkten nimmt sprunghaft zu, wenn die – zumeist männlichen – Jugendlichen erst einmal in die Gewaltspirale hineingeraten sind. Jetzt werden durch die teilweise skrupellosen TV- und Video-Darstellungen die eigenen Aggressionsimpulse noch weiter verstärkt, gleichzeitig wirken die Darsteller in den Medien als soziale Modelle für das eigene Verhalten. Rassistische und fremdenfeindliche, insbesondere auch rechtsextreme und faschistische Inhalte spielen hierbei eine besondere Rolle.
Und die Schule selbst? Welche Rolle wird ihr in der wissenschaftlichen Ursachenforschung zugesprochen?
Die Schule kontrolliert als gesellschaftliche Institution den Zugang zu den begehrten Positionen von Leistungserfolg und späterem beruflichen Status. Sie kategorisiert die Schülerinnen und Schüler als stark und erfolgreich oder als schwach und versagend – und wer als versagend eingestuft wird, erlebt eine erhebliche Verunsicherung des Selbstwertgefühls und muss sich auf eine deutliche Beeinträchtigung der späteren beruflichen und sozialen Chancen einstellen. Alle Untersuchungen zeigen sehr eindeutig: Aggressivität und Gewalt treten innerhalb der Schule auf, weil sie Verteidigungs- und Ausgleichsmechanismen gegen die psychischen und sozialen Verunsicherungen sind, die durch so genanntes Leistungsversagen entstehen.
Die Mehrheit der Jugendlichen schreibt der Schule heute eine enorme Bedeutung für das Berufsleben zu und weiß, dass für den Eintritt in den Beruf das schulische Abschlusszertifikat eine zwingende Voraussetzung geworden ist. Schülerinnen und Schüler wissen, dass sie in einer handfesten Wettbewerbsgesellschaft leben, in der Kinder und Jugendliche in sozialen Brennpunkten und aus zugewanderten Familien besonders benachteiligt werden. Ihre ungünstige wirtschaftliche und gesellschaftliche Situa-

tion lässt sie, auch in ihrer eigenen Wahrnehmung, zu Verlierern werden. Durch Aggressivität und Gewalt reagieren sie auf diese aussichtslose Situation, wollen die Zurücksetzung und Demoralisierung abschütteln und wieder das Gesetz des Handelns an sich ziehen. Und das gelingt auch. Das ist das Vertrackte an Gewalt in der Schule: Wer sie ausübt, ist meist in einer ohnmächtigen und schwachen Ausgangsposition. Durch die Gewalthandlung aber steht er plötzlich im Mittelpunkt und gewinnt *gewaltig* an Aufmerksamkeit. Ein fataler Mechanismus, der ganze Schulklassen in den Bann ziehen kann und von Schülern immer wieder strategisch eingesetzt wird.

Hier liegt die nicht unerhebliche Mitverantwortung der Schule. Ein schlechter Leistungsdurchschnitt, das Wiederholen eines Jahrgangs, die Zurückstufung in eine andere Schule und das Verfehlen eines wichtigen Abschlusszeugnisses hängen eng mit körperlicher und psychischer Gewalt zusammen. Wem ständig von Lehrerinnen und Lehrern deutlich gemacht wird, dass er ein leistungsmäßiger Versager ist, überträgt das auf die eigene Persönlichkeit. Das Scheitern an den schulischen Leistungsanforderungen schafft eine gefährliche Gemengelage, die sich dann weiter anreichert, wenn es zu Akzeptanzproblemen bei den Mitschülerinnen und Mitschülern kommt.

Vorangegangen ist eine innere Distanzierung von den schulischen Anforderungen, die sich zum Beispiel im häufigen Schulschwänzen ausdrücken kann. Verbunden ist diese distanzierte Haltung der Schule gegenüber mit einem Gefühl der völligen Orientierungs- und Normlosigkeit, auch deswegen, weil man sich selbst eigentlich schon aufgegeben hat. Hier entstehen die gefährlichsten Ausgangskonstellationen für Aggressivität und Gewalt, die man sich denken kann.

Was können die Schulen tun? Gibt es wirksame Schritte gegen das ausufernde Verbreiten von Aggressivität und Gewalt bei Schülerinnen und Schülern?

Eine überzeugende Förderung der Leistungsfähigkeit der Schülerinnen und Schüler gehört ebenso in Strategien der Gewaltprävention wie eine klare Festlegung der Umgangsformen. Sehr gute Erfahrungen wurden dort gemacht, wo die Schülerinnen und Schüler sich in die Festlegung von Spielregeln selbst eingeschaltet und eindeutige Konsequenzen bei der Verletzung von Regeln festgelegt haben. Schülerinnen und Schüler können neben den Lehrkräften auch als Tutoren und Streitschlichter auftreten und damit deutlich machen, dass die Schulgemeinschaft ein wehrhaftes demokratisches Gebilde ist, das sich gegen alle wendet, die Gruppenregeln und Solidarität verletzen. Das gilt auch bei Angriffen gegen die Menschenwürde von Kindern und Jugendlichen, die einer fremden Religion angehören oder aus anderen Kulturen kommen.

Die Schulen brauchen Lehrer und andere Fachkräfte, um die Gefährdung eines Schülers zu erkennen. Ein Training in sozialen Kompetenzen, eine Beratung bei Entwicklungsschwierigkeiten im Leistungsbereich und im persönlichen Sektor, ein Angebot zur sozialen Integration, eine deutliche Anerkennung. Meist sind es die besonders labilen und persönlich verunsicherten Jugendlichen, die mit einer geringen Selbstkontrolle und niedrigem Selbstbewusstsein, die die Ausflucht in die Aggression wählen. Deswegen geht es darum, die sozialen und leistungsbezogenen Kompetenzen zu stabilisieren, sodass die Jugendlichen mit den täglichen Lebensherausforderungen in Familie, Gleichaltrigengruppe und Schule lernen und sich den Anforderungen der schwierigen Pubertätszeit gewachsen fühlen.

Prof. Dr. Klaus Hurrelmann, Universität Bielefeld

Aus: Morton Rhue: Ich knall euch ab!

Aus dem Englischen übersetzt von Werner Schmitz.

Ravensburger Taschenbuch Verlag, Ravenburg 2002, S. 146 ff.

(gekürzt)

II An deutschen Schulen

1 Die Hausordnung der Rütli-Schule

Allgemeine Regeln:
Nimm Rücksicht auf deine Mitschüler/-innen! Behandele sie so, wie du selbst behandelt werden willst – mit Respekt! Beleidige niemanden mit Ausdrücken, rede nicht hinter dem Rücken anderer, denn das gibt fast immer Ärger.
Während der Unterrichtszeit wird in den Klassen gearbeitet. Schüler/-innen, die in dieser Zeit durchs Haus gehen müssen, sollten das so leise tun, dass sie niemanden stören. Türen aufreißen und dann schnell weglaufen ist weder besonders originell noch wirklich witzig: Es ist einfach nur eine sehr unangenehme Unterbrechung der Arbeit!
Das Benutzen von Handys im Unterricht ist nicht gestattet, also: während dieser Zeit ausschalten!
Du darfst keine gefährlichen Dinge in die Schule und zu schulischen Aktivitäten außerhalb der Schule (z.B. Wandertage) mitbringen. Dazu gehören Messer, Waffen, Knallkörper, Tränengas, Laserpointer usw.
Auf dem gesamten Schulgelände ist das Rauchen streng verboten.
Unterrichtsbeginn:
Wenn du zur ersten Stunde Unterricht hast, kannst du das Gebäude ab 7.50 Uhr betreten, dann stehen Aufsichten in allen Stockwerken. Du musst zu jeder Unterrichtsstunde pünktlich kommen.
Klassenraum und Schulgebäude:
Für das Aussehen eures Klassenraumes – wie überhaupt der gesamten Schule – sind wir alle verantwortlich, also auch jeder Einzelne von euch! Behandele also Schränke, Tische, Stühle und Wände so, wie du es zu Hause auch tust, denn

sonst müssten deine Eltern für entstandene Schäden aufkommen.
Lass Abfälle nicht einfach so liegen, wirf sie in den Mülleimer – eben wie zu Hause auch. Du wirst sehen, ohne Dreck und Müll fühlt man sich gleich wohler.
Nach der letzten Stunde werden die Fenster geschlossen und die Stühle hochgestellt, damit leichter gefegt werden kann.
Nimm deine Schulsachen mit nach Hause, du bist für sie verantwortlich!
Noch ein wichtiger Punkt: Spucke nicht auf den Boden aus, das ist Ekel erregend und passt längst nicht mehr in unsere Zeit!

Pausen:

Die kleinen Pausen sind dazu da, einen Wechsel des Lehrers oder des Klassenraumes zu ermöglichen. Für alles andere ist die Zeit ohnehin viel zu kurz. Bleibe also möglichst in deinem Raum!
In den großen Pausen hast du dann Gelegenheit, dich nach dem langen Stillsitzen einmal so richtig auszutoben. Das ist gut und wichtig, nur – tobe bitte auf dem Schulhof und nicht in den Klassenräumen und Fluren, sonst wird aus der erholsamen Pause allzu leicht großer Stress!
So, das wärs fürs Erste. Haben wir noch etwas Wichtiges vergessen? Ach ja – sei herzlich willkommen bei uns in der Rütli-Schule!

Aus: Brigitte Pick: Kopfschüsse.
Wer Pisa nicht versteht, muss mit Rütli rechnen.
VSA Verlag, Hamburg 2007, S. 138–139.
(gekürzt)

2 Ein neues Label für Rütli

Die Jugendlichen der Rütli-Schule, als „Terrorschüler" vorgeführt, haben ein schweres Imageproblem. Drei junge Berliner wollen ihnen eine neue Perspektive geben und machen aus Rütli eine Marke – als Anfang eines Hilfsprojekts.

Von Anna Reimann

BERLIN – Das Schuljahr ist beinahe vorbei, aus der Abschlussklasse der Rütli-Schule hat nur ein einziger Schüler einen Ausbildungsplatz. Man ahnt warum: „Wer bei einem Bewerbungsgespräch sagt, er kommt von der Rütli-Schule, für den ist das Gespräch zu Ende", sagt Tom Hansing, Soziologiestudent aus Berlin. Ende März hatte das Kollegium der Schule im Problemviertel Neukölln mit einem Brandbrief an den Berliner Senat um Hilfe gerufen: In einigen Klassen sei die Stimmung geprägt von „Aggressivität, Respektlosigkeit und Ignoranz", hieß es in dem dramatischen Hilferuf; der Intensivtäter werde zum Vorbild, es fehle an Lehrkräften und Unterstützung.

Ein wahrer Medienhype umgab die Schule fortan. Mit fatalen Folgen: Durch die Berichterstattung um die Rütli-Schule seien die Schüler gebrandmarkt – als „Abschaum", als „Terrorschüler", sagt der Student Hansing heute. Das Label, die Marke „Rütli", steht also fest. „Die Schüler sind stigmatisiert." Aber Hansing will das ändern. Und den Jugendlichen die Gestaltungshoheit über das Label „Rütli", das der Schule aufgedrückt wurde, zurückgeben.

Denn die Perspektive der Rütli-Schüler reiche oft nur bis zur eigenen Nasenspitze, sagt Hansing. Was vorher schon schlecht war, sei durch die mediale „Kampagne" verschlimmert worden. Sein ehrgeiziges Ziel: Rütli soll irgendwann andere Assoziationen wecken als die von Schülern, die nichts als schlagen und pöbeln können.

Zusammen mit zwei Freunden, Matthias Tenten und Thomas Schmid, hat der Berliner Student deshalb das Label „Rütli-Wear" gegründet. Auf der

Homepage sind T-Shirts mit dem Aufdruck des Schulnamens zu kaufen. Die „Rütli"-Shirts sind aber nur der provokante Anfang eines größeren Projekts. „Es sind erst mal nur Solidaritätshemden für die Rütli-Schule, mit denen wir Aufmerksamkeit und so auch Geld kriegen wollen – ein warm-up", sagt Hansing.

Während der 27-Jährige und seine Freunde mit dem Schriftzug auf dem T-Shirt durch Berlin laufen, arbeitet man in der Rütli-Schule nämlich schon an der Zukunft. Schullogos werden entworfen, im neuen Schuljahr soll es im Kunstunterricht dann an die Herstellung gehen. Der Plan: Es sollen Motive gestaltet, die Hemden per Siebdrucktechnik mit Logos versehen und die fertigen T-Shirts im Internet verkauft werden – nicht mehr nur mit dem Rütli-Schriftzug, sondern auch mit den eigenen Ideen der Jugendlichen.

Wird da aus dem Gangsterimage der Jugendlichen ein neuer Kult gemacht? Nein, meint Hansing. Macho- oder Gangsterattitüden hätten auf den Shirts keinen Platz. „Die Schüler wollen endlich zeigen, was sie abseits von Terror und Gewalt so draufhaben", sagt er. Hansing berichtet, seine Initiative sei auch bei den Lehrern auf großes Interesse gestoßen.

Oft aber würden die klassischen Schülerfirmen wieder einschlafen – weil Schüler kommen und gehen und niemand die Verantwortung trage, glaubt Hansing. Deshalb wollen die drei jungen Berliner erst mal eine Grundlage schaffen und die ganze Sache bekannt machen. „Erst wenn die Schüler firm sind, übergeben wir an sie", sagt Hansing. Er hofft, dass das Projekt auch dabei hilft, neue Allianzen zu schmieden: „In der Gegend gibt es einige Siebdruckereien, wir wollen Praktika- und Ausbildungsplätze für die Schüler organisieren."

Das Geld, das die Schüler mit „Rütli-Wear" einnehmen, soll komplett in einen Schulfonds fließen – für Ausflüge und Anschaffungen. Für eine andere, bessere Schule und die Chancen danach.

http://spiegel.de

3 Schlechte Zeiten, gute Zeiten

Ein Jahr nachdem die Berliner Rütli-Schule wegen eines Hilferufs ihrer Lehrer in die Schlagzeilen geriet, feiert sie einen Tag der offenen Tür. Vieles ist besser geworden, aber bleibt es so?

WIEBKE HOLLERSEN

BERLIN. Um zwanzig vor zehn hält an der Pflügerstraße, Ecke Rütlistraße in Berlin-Neukölln ein Mannschaftswagen der Polizei. In der Rütlistraße liegt die Rütli-Schule, an der beginnt gleich der Tag der offenen Tür. Neukölln, Rütli-Schule, Polizei. Alles ist so, wie es Berlin, wie es Deutschland erwartet, seit vor einem Jahr dieser Brief bekannt wurde. Die Lehrer der Rütli-Hauptschule riefen um Hilfe. Es ging um Gewalt, gebrochenes Deutsch und eine kaputte Schulform.

Aus dem Mannschaftswagen steigen ein paar Polizisten. Einer macht sich auf den Weg in die Rütli-Schule. Er blinzelt in die Sonne und stellt sich vor: „Hans Steffen, Leiter des Abschnitts 54." Er sagt, dass er den Tag der offenen Tür nicht verpassen will, weil er sich der Schule verbunden fühlt. Seine Kollegen haben einen Stand in der Schule vorbereitet. Der Abschnitt 54 hat auch am Fußballturnier der Rütli-Schule teilgenommen. Das war eins der Projekte, die es nach dem Brief der Rütli-Lehrer gab. Die Zusammenarbeit sei gut, sagt Hans Steffen. Und wie steht es um die Sicherheitslage? „Wir werden nur im Umfeld tätig. Es ist nicht schlimmer geworden, auch nicht besser." Ein ganz normaler Neuköllner Abschnitt eben. Der Polizist verabschiedet sich an der Schultür. Er darf schon rein.

Die Journalisten, die sich vor der Tür drängen, werden von Schülerinnen und Schülern zurückgehalten. „Bitte, es geht erst um zehn Uhr los." Die Jugendlichen tragen rote T-Shirts, auf denen vorn „Info" und hinten „Rütli" steht. Sondermodelle aus der Rütli-Wear-Kollektion, dem bekanntesten Nach-dem-Brief-Projekt der Schule. Zwei

Mädchen haben bunt bemalte Leinwände aufgestellt. „Wollen Sie ein Bild kaufen?" Die Bilder stammen aus einem Kunstprojekt, die Schülerinnen sagen, dass sie das Geld spenden wollen. „Für andere Schulen. Es geht ja nicht allen so gut wie uns." Bevor das Mädchen auf eine Nachfrage antworten kann, sagt eine andere, dass erst ab zehn Fragen gestellt werden dürfen. Punkt zehn sagt sie: „So, kommen Sie, dort geht es los, beim Direktor."

Aleksander Dzembritzki steht mit einem Mikrofon in der Hand auf dem Schulhof. Dzembritzki leitet die Schule seit Oktober. Er hält eine kurze Rede, die an zwei Stellen von seinen Schülern beklatscht wird. Einmal, als er sagt, es habe viele fragwürdige Medienberichte gegeben. Und als er die Journalisten bittet, die Rütli-Schüler zu unterstützen, die eine Lehrstelle suchen. „Wir sind Rütli", sagt Dzembritzki.

Dann geht es los. Im Foyer sitzen vier Jungs hinter Kuchen, die ihre Lehrer gebacken haben. In der Turnhalle boxen Mädchen auf Sandsäcke, hier stellt sich das Boxprojekt vor. Im zweiten Stock sagt Wassim zu jeder Frau, die sich ihm nähert, dass ihr Rosa bestimmt gut steht. Wassim verkauft Rütli-Wear. Er geht in die zehnte Klasse und sagt, das mit dem Handel hat er vom Vater. „Immer die Kunden nett ansprechen, der Rest kommt von allein." Wenn es mit der Lehre nichts wird, was Wassim befürchtet, überlegt er, was mit Textilien zu machen. Wegen des Rütli-Wear-Projekts.

Yasemin aus der 8/2 und Diala aus der 9/2 bieten eine Führung an. Sie zeigen den linken Flur im ersten Stock, hier ein normaler Klassenraum, hier ein Computerraum. „Können wir weiter?" Sie sind ziemlich aufgekratzt. Yasemin sagt, dass ihr Lehrer der beste der Welt ist. Sie würde glatt sitzenbleiben, um länger bei Herrn Mencke zu sein. „Der ist so wie wir, normal eben."

Peter Mencke lacht, als er das hört. Er steht im Klassenraum der 8/2, seinem Klassenraum. Acht Jungs sitzen an den Tischen vor aufgeschlagenen Atlanten. Sie zeichnen die Karte von Südamerika ab. Peter Mencke sagt, dass sie freiwillig da sind. „Man soll ja auch sehen können, wie der Unterricht bei uns ist." Gut, sonst sind in seiner Klasse zwanzig Schüler. Aber alle in Ordnung.

In diesem Moment wird einem Jungen das Schulespielen langweilig, er steht auf und will gehen. „Ey, Mustafa, was soll'n das!", ruft Peter Mencke. Mustafa wird ein wenig rot und setzt sich wieder hin.

Als Peter Mencke vor kurzem 40 wurde, hat ihn seine Klasse mit einem Geburtstagsbuffet empfangen. Peter Mencke trägt eine Kapuzenjacke und Jeans, er sieht mindestens fünf Jahre jünger aus. Er ist seit zwölf Jahren an der Rütli-Schule. Auch als er 30 wurde, hat ihn seine damalige Klasse mit einem Kuchen überrascht, sagt er.

Trotzdem hat Peter Mencke vor einem Jahr an dem Brief mitgeschrieben, mit dem das Kollegium um Hilfe rief. Er sagt, dass der Brief eine Menge gebracht hat. „Das Wichtigste sind die neuen Sozialarbeiter." Drei so genannte Interkulturelle Moderatoren, einer spricht arabisch, zwei türkisch. Peter Mencke, der Lehrer der 8/2, sagt, dass ihm Elternbesuche jetzt Spaß machen. Er hat immer einen Übersetzer dabei. Seine Schüler schwänzen kaum noch, seit die Gefahr besteht, dass ihre Eltern von jemandem angerufen werden, der ihre Sprache spricht, wenn die Kinder nicht zur Schule kommen. „Es ist den Eltern unangenehm, von jemandem aus ihrem Kulturkreis auf diese Dinge angesprochen zu werden." Weswegen diese Dinge jetzt von den Eltern verhindert werden. Klingt ganz einfach.

Leider ist es so, dass die Stellen der drei Sozialarbeiter Ende des Schuljahres auslaufen. Ob die Verträge verlängert werden, steht noch nicht fest.

Berliner Zeitung, 31.03.2007

4 Knüppel, Krampen und Konflikte

Ein ehemaliger Rütli-Schüler erinnert sich an seine Kindheit

VON HORST BOSETZKY

Ein Rütli-Schüler, ja das war ich. Zu Schlägereien verabredet, Lehrer geärgert und Schwächere geschlagen – all das, was man heute so liest über die angeblich so schreckliche Neuköllner Schule, das haben wir auch gemacht. Und wir waren keine Ausländer. Aber es war ja eine andere Zeit. Von 1946 bis 1951 besuchte ich die 31. Grundschule an der Rütlistraße – eine reine Jungs-Schule damals.

Die Verhältnisse waren nicht so, dass wir lieb und artig daherkamen. Oft war der Vater im Krieg gefallen oder saß in Gefangenschaft, Mütter mussten arbeiten. Viele von uns waren Schlüsselkinder, die Sozialisation erfolgte durch Gleichaltrige. Alle waren traumatisiert, hatten in Luftschutzkellern gesessen, waren evakuiert gewesen und in Dörfern von der einheimischen Jugend malträtiert worden, hatten Bombenangriffe erlebt, mitbekommen, wie Mütter vergewaltigt wurden. Da waren viele zum Wolf unter Wölfen geworden, die Straßen wurden von – heute würde man sagen – jugendlichen Warlords beherrscht. Die hatten ihre Ausbildung in der Hitlerjugend genossen, wo man zäh wie Leder und hart wie Kruppstahl sein musste. Weh dem Knaben, der in der Nähe der Rütli-Schule zart besaitet war.

Wir konnten uns nicht per Handy verabreden, geplante Straßenschlachten gab es trotzdem. Man kämpfte mit Fäusten, Gürteln, Knüppeln oder Katapulten. Verschossen wurden Steine und Nägel. Mein Freund Gert, heute Professor in München, erinnert sich, dass einem Jungen ein Auge ausgeschossen wurde. Nicht wer den besten MP3-Player hatte, sondern wer die meisten Blessuren aufweisen konnte, war der größte Held.

Allerdings zählte auch dieser nur in seinem Gebiet, denn es gab No-Go-Areas, Feindesland. Ich hatte wahnsinnige Angst, die Weserstraße zwischen Pannier- und Rütlistraße entlangzugehen, weil da im Hausflur ein großer Junge lauerte, der sich auf andere stürzte und sie verprügelte. Szenen, wie man sie aus dem Neukölln-Film „Knallhart“ kennt. Auch bei uns wurden Schwächere abgezogen. Zwar hieß es damals nicht so und sie mussten auch nicht Turnschuhe und Handys hergeben. Aber Fußbälle, Spielzeug-Rennautos oder geklautes Buntmetall. Erzählte man zu Hause, dass man überfallen wurde, bekam man ein paar hinter die Ohren. „Dafür, dass du dich nicht gewehrt hast!“

Zwei Welten gab's in der Rütli-Schule. Die Werte der Lehrer galten in der Welt, in der leistungsstarke Schüler Achtung genossen. In der Pause hatten die Schläger, ein, zwei Jahre älter, das Sagen. Sie wussten, wie es sich gut leben lässt. So wie heute: mit Erpressung. Wer ihnen Geschenke brachte, blieb ungestört, wen sie auf dem Kieker hatten, wurde bedroht und verprügelt. Prügeleien waren an der Tagesordnung, manche brachten sogar gusseiserne Schlagringe mit. Die Lehrer konnten dagegen nichts ausrichten. Es hätte auch kein landesweites Medienecho gegeben, wenn sie in einem Brief über die Zustände gejammert hätten. Wir ärgerten sie, beschossen sie mit Krampen oder stellten ihnen wacklige Stühle hin. Ein Kamerad steckte Rasierklingen in die Ritzen auf den Sitzflächen. Am besten ließ sich der Unterricht mit Stinkbomben stören. Altes Filmmaterial in Zeitungspapier gewickelt und angezündet, das wirkte. Meine Lehrerin lief mindestens einmal die Woche weinend aus dem Raum.

Liest man heute von der Rütli-Schule, kommt mir vieles bekannt vor, bis auf die Tatsache, dass wir Deutsche waren, obwohl die Lehrer meinten, Deutsch sei unsere erste Fremdsprache. Perfekt beherrschte es keiner, und ick weeß bis heute nich so richtich, wat 'n Perfekt und 'n Imperfekt is.

Berliner Zeitung, 08.04.2006

5 Deutschland sucht den Superlehrer

Gelassenheit gegenüber pubertierenden Jugendlichen und eine Menge Coolness – das und mehr sollten die Kandidaten für den neuen Lehrerpreis „Pisagoras" mitbringen. Ab heute können alle Abschlussschüler in Deutschland für ihren Lieblingslehrer stimmen.

Verschroben oder locker, kompetent oder lahm, streng oder kumpelig – jeder Lehrer hat ab heute die Chance, den neu ausgelobten Deutschen Lehrerpreis „Pisagoras" zu ergattern. Aktiv werden können die Lehrer aber nur indirekt – indem sie nämlich guten Unterricht machen und dadurch ihre Schüler anspornen, ein entsprechendes Votum abzugeben.

Mit dem neuen Preis sollen herausragende Leistungen von Pädagogen ausgezeichnet werden, kündigte die im vergangenen Jahr gegründete gemeinnützige „Initiative Deutscher Lehrerpreis" an, die den Wettbewerb veranstaltet. Unter der Schirmherrschaft von Bundesbildungsministerin Annette Schavan (CDU) und unterstützt von der Kultusministerkonferenz will die Initiative die öffentliche Auseinandersetzung mit der täglichen Leistung der Lehrer in den Klassenzimmern fördern.

Die war zuletzt immer wieder heftiger Schelte ausgesetzt, etwa in der vergangenen Woche, als der Uno-Sonderbeauftragte Vernor Muñoz in seinem Bericht das deutsche Bildungssystem schmerzhaft abgewatscht und dabei unter anderem Qualifikation und Arbeitsleistung vieler Pädagogen kritisiert hatte. Für Furore sorgte auch das Buch der Journalistin und vierfachen Mutter Gerlinde Unverzagt, die sich unter dem Pseudonym Lotte Kühn ihren ganzen Frust über die Schulerfahrungen ihrer Kinder von der Seele geschrieben hatte. Und die Zahl der Internet-Foren, in denen sich genervte Schüler und Eltern über schlechten Unterricht auslassen, ist endlos.

Schluss mit dem Gejammer, her mit dem positiven Image:

Mit dem „Pisagoras“ soll jetzt der Beweis angetreten werden, dass es auch gute Beispiele gibt. Mitmachen dürfen alle, die in diesem Jahr ihren Abschluss an einer Haupt-, Real-, Mittel-, oder Regelschule, an Gymnasien, Oberschulen oder Gesamtschulen absolvieren. Bewertet wird zum einen die Häufigkeit, mit der ein Lehrer vorgeschlagen wird, zum anderen der Inhalt der Vorschläge, die eingereicht werden. „In den persönlichen Begründungen sollen die Schüler den Lehrer wohl überlegt aus der ganz eigenen Sicht beschreiben und dabei begründen, warum dieser Lehrer für sie ein Kandidat ist“, heißt es in der Ausschreibung. (www.pisagoras.de)

Bei der Auswertung der Begründungen legt die Jury einen Kriterienkatalog zugrunde, der auf Basis der „Standards für die Lehrerbildung“ entwickelt wurde – einem Lehrerleitbild, das die Ständige Konferenz der Kultusminister der Länder festgelegt hat.

http//: spiegel.de

III Aussetzer – ein Jugentheaterstück

1 Der Teufel an der Wand

Neue Statistiken belegen, dass Gewalt an Schulen zugenommen hat. Nicht nur Mitschüler, auch Lehrer werden verstärkt Opfer von Gewalt. Die Begründungen der Täter sind vielfältig: Ungerechte Behandlung, Angst vor schlechten Noten, Einschüchterung, um eine Versetzung zu erzwingen, gekränkte Eitelkeit, Verletzung der männlichen Ehre … manchmal genügt ein Rüffel auf dem Schulhof, um einen Gewaltexzess auszulösen.
Der Lehrer wird zum Angriffsziel, an dem man Frustrationen auslässt, da er der/die einzige, im wörtlichen Sinn, „greifbare" Person ist, die eine Gesellschaft repräsentiert, von der man sich ausgeschlossen und diskriminiert fühlt. Lehrer stehen für eine Institution, die keine Versprechen mehr geben kann. Motivierte Mitarbeit und gute Zeugnisse sind keine Garantie mehr für eine berufliche Perspektive. Ausbildungsplätze bekommt vor allem an Hauptschulen nur noch ein Bruchteil der Abgänger. Manchmal genügt schon der Name der Schule, um nicht zum Bewerbungsgespräch eingeladen zu werden. (In den Pariser Banlieus ist die Adresse das Stigma. Man verschweigt, wo man wohnt, um überhaupt schon zum Gespräch eingeladen zu werden.)
Die Angst vor Absagen lässt viele erst gar keine Bewerbungen schreiben. Oder noch schlimmer – man könnte eingeladen werden und versagen. Chancengleichheit ist ein historischer Begriff geworden, das deutsche Bildungssystem ist nach oben nicht mehr durchlässig, das studierende Arbeiterkind ist die Ausnahme. Man bleibt in der Klasse, in die man hineingeboren wurde. Man spricht inzwischen schon von ‚Sozialhilfedynastien'. Eltern, die keine Hoffnung mehr haben, können ihre Kinder nicht motivieren und haben oft kein Interesse am schulischen Werdegang ihrer Kinder Anteil zu nehmen. (Elternabende sind für Lehrer oft die einzige Stunde, wo sie mal für sich sind.) Oder es passiert das

Gegenteil: Die Kinder werden unter Druck gesetzt. Du hast das zu schaffen. Eine von Abstiegsangst geprägte Forderung, die eine Drohung ist, und dieser Druck wird von den Jugendlichen in der Schule abgelassen.

Und die Lehrer? Als Faulpelze der Nation zu den Hauptschuldigen des Pisa-Schocks erklärt, die Berufsgruppe mit dem höchsten Anteil von Burn-out-Syndromen, der Sündenbock für alles, was mit den Kindern schiefläuft. Sie sollen es gefälligst richten. Bei real sinkenden Bildungsbudgets und einem Reformaktionismus, der in den Ministerienetagen gut klingt, in der Praxis aber oft Humbug ist. Letztes Glied in der Befehlskette, dazu aufgerufen, alles auszugleichen, was in Politik, Gesellschaft und den Elternhäusern versäumt wurde.

Alle Ängste einer Gesellschaft kommen am stärksten bei den Kindern und Jugendlichen an. Da ist der Kältestrom, der durch eine Gesellschaft geht, am frühesten spürbar. Alle verkorksten Konzepte einer latent kinderfeindlichen Wirtschaft und Politik werden zu Erziehern und Lehrern durchgereicht.

Dort, in der vordersten Linie stehen sich die beiden Parteien gegenüber wie ermüdete Armeen im dritten Kriegsjahr, siegen will keiner mehr, man will das alles nur noch überstehen, will nur durchhalten. Bis was passiert?

Bis sich eine Politik durchsetzt, die Jugendlichen wirklich eine Chance gibt, einen Platz in dieser Gesellschaft zu finden, auch wenn sie nicht Kinder der Privilegierten sind. Bis die schreiende Ungerechtigkeit des deutschen Bildungssystems beendet ist. Bis Bildung den Stellenwert hat, den sie haben sollte, nämlich nicht nur als Mittel zum Zweck, sondern als Wert an sich, um die Teilhabe an einer demokratischen Gesellschaft für alle zu ermöglichen. Ist das alles übertrieben? Male ich den Teufel an die Wand?

Ja. Denn es gibt tausend Gegenbeispiele. Die gibt es immer. Aber das Theater muss auch mal den Teufel an die Wand malen. Für alle, die nicht wissen, wie der Teufel aussieht. Oder für alle, die denken, dass der Teufel doch eigentlich ein niedlicher Fratz ist, vor dem man keine Angst haben muss.

Lutz Hübner

2 Aus der Bahn

Wenn Schule weh tut: Lutz Hübners Jugendstück „Aussetzer" als Uraufführung

VON STEFAN ARNDT

Die Dinge könnten einfach sein: Da ist der Hauptschüler, der seine Lehrerin verprügelt, weil sie ihm die Note verweigert, die seinen Abschluss doch noch retten würde. Da ist die überforderte Lehrerin, für die Gewalt nur der handgreifliche Ausdruck einer seit Langem schwelenden Lebenskrise ist. Mit beiden ließe sich leicht ein Theaterstück machen, das das Tabuthema Gewalt in der Schule effektvoll ins Licht der Bühnenscheinwerfer zerrte und schon allein deshalb eine Zeit lang als wichtiges Stück gelten könnte. Doch der Dramatiker Lutz Hübner macht es sich nicht leicht, auch wenn er genau diese Geschichte erzählt. Sein neues Stück „Aussetzer", das jetzt vom Jungen Schauspiel Hannover – der Jugendsparte des Staatstheaters – im Ballhof 2 uraufgeführt wurde, ist fast so kompliziert wie das Leben selbst.

In Hübners „Lehrer-Schüler-Gefecht für alle ab 14" schlägt ein Schüler seine Lehrerin, aber wer hier Täter, wer Opfer ist, wechselt im Verlauf des Stücks beständig hin und her. Statt naheliegende Klischees zu zeigen, zeichnet Hübner seine Figuren – die alleinstehende Lehrerin Anfang dreißig, den siebzehnjährigen Sitzenbleiber – sehr feingliederig, mit immer neuen Persönlichkeitsfacetten, die manchmal überraschend, aber nie unglaubwürdig sind. Statt um körperliche Gewalt geht es um ihre Bedingungen. Um Lebensumstände und Lösungsansätze. Immer wieder lässt Hübner die Möglichkeit eines versöhnlichen Endes durchscheinen – bis am Schluss einfach die Normalität in eine gefährdete Beziehung einbricht. Und mit ihr eine neue Stufe der Gewalt.

In der Inszenierung fällt diese Gewalt, um die sich alles dreht und die doch nur der Ausdruck für etwas Tieferliegendes ist, aus dem Rahmen. Die Regisseurin Caroline Farke, die am Schauspiel Hannover bereits Darja Stockers Stück „Nachtblind" inszeniert hat, unterbricht hier das realistische Spiel und setzt auf Stilisierung: Man sieht die Kapsel mit Theaterblut und das Schwämmchen mit roter Farbe – die Wunden werden als Theaterzauber kenntlich gemacht. Die Brutalität ist nicht körperlich – auch wenn der eine doch noch schmerzlich echt dargestellte Fußtritt ein sehr wirkungsvoller Effekt ist. Daneben lebt die Inszenierung von ihren sehr lebendigen Darstellern. Esther-Maria Barth ist eine zart-stachelige Lehrerin mit spektakulär tantenhafter Kurzhaarfrisur (Kostüme: Katharina Meintke), Sven Mattke ein ebenso durchtrainierter wie durchtriebener Schüler.

Die breite Spielfläche hat Simeon Meier nach hinten durch eine Schablonenwand begrenzt, aus der sich vorgeformte Requisiten und Symbole herausfahren lassen. Nur einmal verlässt ein Requisit die vorgezeichnete Bahn. Als endlich die Außenwelt in die heikle Zweierbeziehung einbricht und sie zerstört, fällt krachend der Tisch um, an dem eine Weile Verständigung möglich schien: Noch einmal findet die Inszenierung ein schönes, einfaches Bild, von dem Hübners Stück so präzise erzählt.

Hannoversche Allgemeine, 16.11.2007

3 Ein Interview mit Lutz Hübner

Henning Fangauf: Was war der Anlass für Sie, das Theaterstück „Aussetzer" zu schreiben?

Lutz Hübner: Es gab verschiedene Anlässe: Berichte über die Rütli-Schule, die momentane Situation an den Hauptschulen, eine Reportage über Gewalt gegen Lehrer, in der beschrieben wurde, was eine Attacke bei den Opfern auslöst und wie tabuisiert das Thema an vielen Schulen (gerade im Lehrerkollegium) ist. Die Zunahme von Gewalt bei Jugendlichen ist ein Symptom, das auf die prekäre Lage vieler Menschen in unserer Gesellschaft verweist.

Henning Fangauf: Was hat Sie an der Thematik des Stückes und an den Figuren interessiert?

Lutz Hübner: In welcher Situation befinden sich heutzutage Jugendliche, die ihren Schulabschluss machen und nur geringe Aussichten haben, eine Berufsausbildung machen zu können? Wie groß ist die Angst vor der Zukunft? Wie stark die Frustration über die Schule und wie gehen Lehrer damit um? Was können sie den Schülern anbieten und welchen Handlungsspielraum haben sie als Einzelperson in einem Bildungssystem, das dringend reformiert werden müsste? (Das zeigt nicht nur die Pisa-Studie, sondern auch die letzte Untersuchung der OECD). Das ist der politische Kontext des Stückes.
Der nächste Schritt besteht darin, Figuren zu finden, die von diesen Rahmenbedingungen geprägt sind und versuchen, ihre Ziele zu erreichen. Wie gehen sie miteinander um? Können sie überhaupt kommunizieren? Was wollen sie voneinander? Es hat mich interessiert, den Handlungsspielraum dieser Figuren zu erforschen.

Henning Fangauf: Wie sind Sie beim Schreiben vorgegangen? Wie ist das Stück entstanden?

Lutz Hübner: Der erste Schritt ist immer eine gründliche Recherche, also Lektüre zum Thema, Statistiken, Erfahrungsberichte und Dokumentationen. Danach kommen Gespräche mit Lehrern und Schülern, um zu wissen, welche Einschätzungen sie haben, um ihre Sprache kennen zu lernen, also ihre spezifische Ausdrucksweise, Anekdoten zu hören und Fragen stellen zu können. Dann muss man das Material verinnerlichen, quasi ‚vergessen', um frei erfinden zu können, nämlich theatralische Situationen, eine Geschichte und Figuren, mit denen sich das Publikum identifizieren (oder die es kritisieren) kann. Die Dialoge zu schreiben, geht meist sehr schnell, die meiste Zeit verschlingt die Vorbereitung und die Konstruktion der Geschichte.

Henning Fangauf: Denken Sie beim Schreiben eines Theaterstücks auch immer schon an die Umsetzung auf der Bühne, die Inszenierung des Stückes?

Lutz Hübner: Ja, und das hat bestimmt mit meiner Biografie als Schauspieler und Regisseur zu tun. Man muss die Möglichkeiten des Theaters kennen, um eine größtmögliche theatralische Wirkung erreichen zu können. Wobei man immer auch versucht, die Grenzen dieser Möglichkeiten zu erweitern, in diesem Fall beispielsweise durch den Ansatz, eine Geschichte über Monologe (also eine Innenschau der Figuren) und Dialoge zu erzählen, also zwei Erzählebenen zu verbinden, um so nah wie möglich an sie heranzukommen.

Henning Fangauf: Wieweit finden dokumentarische Materialien (Interviews, Zeitungsartikel, Berichte etc.) Eingang in Ihre Stücke?

Lutz Hübner: Das Material ist nur der Humus, auf dem das Stück wächst. Man muss für ein Theaterstück Situationen und Figuren immer komprimieren und zuspitzen. Manchmal paraphrasiert man Originaltexte, um eine Haltung ausdrücken zu können, manchmal kombiniert man verschiedene Rechercheergebnisse, um etwas zu verdeutlichen. Die Recherche steckt das Feld ab, in dem man sich frei bewegen können muss.

Henning Fangauf: Die Figuren in Ihren Stücken wirken alle sehr glaubwürdig. Die „heutige Sprache", die sie sprechen, trägt wesentlich dazu bei. Wie entstehen Sprache und Dialoge in Ihren Stücken?

Lutz Hübner: Wenn man die Sprache der Figuren erfindet, darf man (z. B. bei Jugendsprache) nicht ‚fotografieren', also 1:1 den Slang aufs Theater bringen, das würde nicht funktionieren. Doch es ist wichtig zu wissen, wie gerade gesprochen wird, welche Sprüche und Wörter gerade in Mode sind, wichtig ist auch der Sound, der wiedererkennbar sein muss. Oder welche Möglichkeiten eine Figur hat, sich auszudrücken. Ist sie eloquent? Oder hat sie Mühe, die richtigen Worte zu finden, hat ihr Sprechen die Musikalität eines Rappers?

Wenn man eine Idee der Sprache einer Figur hat, macht man ein Destillat aus diesen Beobachtungen und Notizen und erfindet für sie eine Bühnensprache.

Henning Fangauf: Können Sie etwas zum Aufbau Ihrer Stücke sagen: wie sollte ein Stück beginnen, wie entsteht Spannung, welche Bedeutung hat das Ende?

Lutz Hübner: Dramaturgisch gesehen beginnt ‚Aussetzer' mit einem Paukenschlag, mit nur knappem Vorlauf, der Rest des Stückes ist die Konsequenz aus diesem ersten Vorfall. Man hätte sich die Geschichte auch umgekehrt denken können, also eine zunehmende Eskalation, die mit einem Ausbruch von

Gewalt endet. Es erschien mir aber theatralischer, ein Stück zu bauen, in welchem die beiden Protagonisten von Beginn an durch ein Ereignis überfordert sind und dadurch gezwungen sind, zu reagieren. Auch in dieser Dramaturgie endet das Stück mit einem Ausbruch von Gewalt. Hier setzt die Gewalt einen Schlusspunkt unter eine Entwicklung, die, bei allen guten Absichten, durch eine Kette von Fehlentscheidungen und Missverständnissen provoziert wurde, die Ursache hauptsächlich im Außendruck hat, dem die Figuren ausgesetzt sind.

Letztlich kommt es immer darauf an, eine Geschichte zu erfinden, die dem Publikum die Möglichkeit bietet, nah an den Figuren zu bleiben und der Geschichte gespannt folgen zu können. Dabei muss das Thema so klar und dialektisch wie möglich präsentiert werden.

Das Thema bestimmt die Form, welche die Voraussetzung schaffen muss, so spannend wie möglich zu erzählen.

Henning Fangauf: Gibt es bereits Pläne für weitere Stücke, die Sie schreiben möchten?

Lutz Hübner: Pläne für ein neues Jugendstück gibt es im Moment nicht, das nächste Stück behandelt den Innendruck von Ehepaaren um die vierzig, ein Stück über vergorene Sehnsüchte und Utopieverlust. Danach wird es wohl wieder ein Stück für Jugendliche sein, und ein Thema wird eines Tages da sein, irgendetwas, was mich beschäftigt, erzürnt, wundert oder amüsiert, mal sehen, was es wird.

Die Fragen stellte Henning Fangauf

4 Der Autor

Lutz Hübner wurde 1964 in Heilbronn geboren. Nach dem Abitur absolvierte er seinen Zivildienst in einem Altersheim in Münster. Die Erfahrungen, die er dabei machte, hatten großen Einfluss auf sein erstes, wirklich erfolgreiches Stück „Das Herz eines Boxers", das in einem Altersheim spielt. In Saarbrücken studierte Hübner von 1986 bis 1989 Schauspiel und Regie und war bis 1996 u. a. am Landestheater Neuss und am Theater der Landeshauptstadt Magdeburg als Schauspieler und Regisseur engagiert. In dieser Zeit hat er auch mit dem Schreiben von Theaterstücken begonnen. „Tränen der Heimat" hieß sein erstes Stück. So richtig bekannt wurde Lutz Hübner mit „Das Herz eines Boxers", das vom Berliner Grips-Theater 1996 uraufgeführt wurde. 1998 wurde das Stück mit dem Deutschen Jugendtheaterpreis ausgezeichnet.
Seitdem hat Lutz Hübner viele weitere Stücke geschrieben. In der Spielzeit 1999/2000 führte er die Bühnenstatistik als der meistgespielte Autor aller deutschen Theater an. Seine bekanntesten Werke sind „Das Herz eines Boxers" (1996), „Gretchen 89FF" (1997), „Alles Gute" (1998), „Creeps" (2000), „Winner & Loser" (2002), „Nellie Goodbye" (2003) oder „Die letzte Show" (2005). Das Schauspielhaus in Hannover beauftragt ihn regelmäßig, Stücke zu schreiben, so auch „Aussetzer", das im November 2007 dort zur Uraufführung kam. Lutz Hübner ist ein Autor, der sowohl Stücke für Jugendliche als auch für Erwachsene schreibt. Das Theater der Stadt Hagen hat seine kleine Bühne, auf der überwiegend Stücke für Jugendliche aufgeführt werden, „Lutz" genannt und erweist damit seine Referenz an den erfolgreichsten Dramatiker für junge Menschen in unserer Zeit.
Lutz Hübner lebt momentan in Berlin, alles weitere kann man über seinen Verlag Hartmann & Stauffacher (www.hsverlag.com) in Köln erfahren.

Henning Fangauf

5 Weitere Theaterstücke

Kai Hensel: **Klamms Krieg**. Kiepenheuer Bühnenvertriebs GmbH, Berlin 2002.
Inhalt: Eigentlich will Lehrer Klamm Goethes „Faust" behandeln, statt dessen aber steht er vor einer Klasse, die nicht mehr mitmacht. Seine Schüler erklären ihm den Krieg. Der Lehrer soll sich rechtfertigen für den Selbstmord eines Schülers, der durchs Abitur gefallen ist. Aber Klamm denkt nicht dran.

Felix Huby und Boris Pfeifer: **Ich knall euch ab** (nach Morton Rhues gleichnamigen Jugendbuch). Kiepenheuer Bühnenvertriebs GmbH, Berlin 2004.
Inhalt: In einer Gedenkfeier wird an die Tat zweier Schüler, deren Amoklauf in der Turnhalle gerade noch verhindert werden konnte, erinnert. Doch die Schulgemeinschaft möchte die Tat verdrängen.

Ljudmila Rasumowskaja: **Liebe Jelena Sergejewna**. Henschel Schauspiel, Berlin 1989.
Inhalt: Vier Schüler einer 10. Klasse besuchen ihre Lehrerin, wollen ihr scheinbar zum Geburtstag gratulieren, doch der wahre Grund für ihren Besuch ist ein anderer: Sie erpressen die Lehrerin, um bessere Noten zu erhalten.

Zoran Drvenkar: **Cengiz & Locke**. Verlag für Kindertheater, Hamburg 2006.
Inhalt: Cengiz schießt aus einem Auto. Sein Freund Locke hält fest zu ihm. Auch dann noch, als Jasmin, die einzige Zeugin, erschossen wird und Cengiz in Verdacht gerät. Die Gewalt nimmt stetig zu.

6 Filme

Knallhart, ein Film von Detlef Buck (Buch: Zoran Drvenkar und Gregor Tessnow), 2006.
Inhalt: Michael muss an seinem 15. Geburtstag vom schicken Berlin-Zehlendorf nach Neukölln umziehen. Hier ist die Gang das Gesetz, doch Michael wehrt sich.

Rhythm is it, ein Film von Thomas Grube und Enrique Sanchez Lansch, Berlin 2006.
Inhalt: In einem alten Berliner Omnibusdepot tanzen 250 Jugendliche aus 25 Nationen Strawinskys „Le Sacre du Printemps", choreographiert von Royston Maldoom und begleitet von den Berliner Philharmonikern: Das erste große Education-Projekt des Orchesters mit seinem Chefdirigenten Sir Simon Rattle. Drei Jugendliche werden mit der Kamera begleitet. Eine Liebeserklärung an die tanzenden Teenager und ihre Mentoren.

Unter dem Stichwort „Gewalt und Schule" sind bei www.youtube.com zahlreiche, teils von Schülern selber hergestellte Filmbeiträge zu finden.

7 Zum Weiterlesen

Brigitte Blobel: **Alessas Schuld. Die Geschichte eines Amoklaufs.** Arena Verlag, Würzburg 2006.
Kirsten Boie: **Erwachsene reden. Marco hat was getan.** Deutscher Taschenbuch Verlag, München 2002.
Kirsten Boie: **Nicht Chicago, nicht hier.** Deutscher Taschenbuch Verlag, München 2002.
Zoran Drvenkar: **Cengiz & Locke.** Carlsen Verlag, Hamburg 2002.
Helmut Erb: **Gewalt in der Schule und wie du dich dagegen wehren kannst.** Ueberreuter Verlag, Wien 2001.
E.R. Frank: **Ich bin Amerika.** Verlag Beltz & Gelberg, Weinheim 2005.
Jan Guillou: **Evil. Das Böse.** Hanser Verlag, München 2005.
Kristin Holinghaus: **PuR – Zoff in der Schule: Tipps gegen Mobbing und Gewalt.** Verlag Beltz & Gelberg, Weinheim 2004.
Ihr habt ja keine Ahnung! Wie Gewalt entstehen kann. Schülerbiografien. Arena Verlag, Würzburg 2005.
David Klass: **Du bist der Nächste.** Arena Verlag, Würzburg 2006.
David Klass: **Wenn er kommt, dann laufen wir.** Arena Verlag, Würzburg 2006.
Joyce Carol Oates: **Mit offenen Augen.** Hanser Verlag, München 2004.
Celia Rees: **Klassenspiel.** Carlsen Verlag, Hamburg 2006.
Morton Rhue: **Asphalt Tribe.** Kinder der Straße. Ravensburger Verlag, Ravensburg 2004.
Morton Rhue: **Boot Camp.** Ravensburger Verlag, Ravensburg 2006.
Gregor Tessnow: **Knallhart.** Ueberreuter Verlag, Wien 2004.
Andres Veiel: **Der Kick.** Ein Lehrstück über Gewalt. DVA, München 2007.
Mats Wahl: **Kill.** Hanser Verlag, München 2005.
Mats Wahl: **Der Unsichtbare.** Deutscher Taschenbuch Verlag, München 2003.

Bildquellenverzeichnis

Umschlag/S. 1: Karl-Bernd Karwasz, Berlin.
S. 48, 49, 60, 70, 71, 82, 84, 86, 90: Karl-Bernd Karwasz, Berlin.
S. 45: Creativ Collection Verlag GmbH, Freiburg.

Die Fotos in den Materialien stammen aus der Inszenierung des Theaterstückes „Aussetzer" des Jungen Schauspiels Hannover, 2007.